보면서
가는길

헤브론을 향하여 가는 길 …

보면서
가는길

조봉제 지음

좋은땅

추천서

사람은 태어나면서부터 보면서 자라고 누군가를 닮아가면서 성인이 되어갑니다.

목사님께서 보면서 가는 삶을 살아오셨고 깨달아 알게 된 것을 글로 옮기게 된 것은 감사한 일입니다.

목회현장에서 많은 것을 보게 하셨고 특히 상담치유를 통해 영혼들의 아픔을 듣고 함께 공감하며 예수님을 만나게 하는 사역의 경험을 책으로 출간하게 되심을 축하합니다. 이 책을 통해 주위의 많은 사람들이 자신과 주변을 보게 되고 하나님을 보면서 길을 찾게 될 것을 소망합니다.

지금도 사역을 준비하고 계신 분들과 목회현장에서 수고하고 계신 동역자들에게 자신의 삶과 목회의 소중한 교본으로 삼을 수 있는 지침서가 되리라 믿으며 이 책을 추천하는 바입니다.

예한교회 원로목사 이홍범

추천서

목사님을 처음 만난 건 지금부터 약 8년 전쯤 자녀의 상담을 위해 지인의 소개를 통해서였습니다. 서울 광진구의 상가 건물 3층 교회에서 한 영혼, 한 영혼과 씨름하며 오랜 시간 작은 공간에서 사역해 오신 목사님과의 첫 만남과 인연은 그 후 지금까지 이어져 오고 있습니다. 만남 당시 긴 시간의 신앙생활을 해온 우리 가정이었지만 해결하기 어려운 문제로 당황스러워하던 저희 가족을 걱정과 안타까운 눈으로 바라보시던 목사님 부부의 얼굴이 아직도 눈에 선합니다. 그 후 많은 만남의 시간을 거쳐 자신의 모습을 구체적으로 발견하며 치유의 여정을 목사님 부부와 함께, 또 앞서 인도하시는 주님을 따라 한 걸음 한 걸음 걸으면서 차츰 회복의 길을 지나온 것 같습니다.

다수의 사람들에게 설교하고 목회하는 일도 귀하고 쉽지 않은 일이지만, 드러나지 않게 한 사람의 영혼 회복을 위해 돌보며 기도하고 애쓰는 일이야말로 명예나 돈, 지위 등에 초연한 사람이 아니면 결코 행하기 어려운 일일 것입니다. 평생을 고통당하는 영혼들의 아픔을 아시고 따뜻한 사랑의 마음을 품고 사명감을 가지고 이 일을 해 오신 목사님에게는 상담과 치유라는 사역은 단지 사역을 넘어 삶 그 자체가 아니

5

었나 하는 생각이 듭니다.

지금까지 이 사역을 이루어 오신 임상 경험을 글로써 정리하고 남기고자 하신다니 기대가 크며, 목사님의 경험이 녹아 있을 이 책을 통해 많은 이들이 도움을 받게 되리라 확신합니다. 그동안 하나님의 소명으로 알고 평생을 헌신해 오신 목사님 부부에게 감사와 존경의 마음을 드리며 축하의 말씀을 드립니다.

우리 가정처럼 고통 속에서 방황하는 영혼과 가정들이 이 책을 통해 자신을 찾고 가정이 회복되며 하나님을 만나는 기회가 되리라 믿으며 이 책을 추천드리는 바입니다.

윤정근 장로

(대한예수교 장로회 고기교회, 동국대학교 한의과대학 겸임교수)

들어가는 말

오래전 한강물의 발원지인 강원도 태백 검룡소를 방문해 본 적이 있다. 태백에서 발원하여 충청북도 경기도를 흘러 수도 서울을 지나 서해안을 통해 넓은 바다로 흘러간다. 처음 본 검룡소의 샘솟는 물줄기는 참 신기했다. 좁은 골짜기를 지나 시간이 흐르고 흘러 강으로 바다로 흘러간 것이다. 30년 전 대학 캠퍼스에서 선교활동을 하던 중 한 학생을 만남으로 시작된 이 사역은 그 당시 오직 구령의 열정과 복음의 사랑에 붙들려 캠퍼스를 돌며 복음을 전할 때 한 형제의 힘들고 고통스러운 자신의 고백을 상담하며 도움을 요청하는 그 손짓의 시작으로 여기까지 흘러왔다. 마치 태백 검룡소의 물줄기가 골짜기를 지나 어디를 향해 가는지도 모르고 흘러내려 넓은 바다로 흡수되듯이 이 길을 걸어온 것이다. 준비되지 못한 나 자신과 경험 없는 무지한 때에 할 수 있었던 일은 힘들고 아픈 영혼과 함께 있어 주는 일이었고 그 마음으로 3년 동안 형제와 함께해 온 시간들이 머리를 스쳐 간다. 돌아보면 하나님께서는 형제를 통해 이 시대의 문제와 고통을 아시고 누군가는 필요했기에 먼저 관심을 가지고 준비하게 해 오신 것이다. 상담치유를 통해 내가 몰랐던 나 자신의 모습, 오롯이 종교적 열심에만 매달려 왔던 나를 보게 하셨고 그 과정 속에서 내면의 아픔과 고통 속에 방황하던 영혼들을 보내 주셔서 현장 사역을 통해 훈련시키셨고 준비할 수 있도록 인도해 주신 길이라 생각된다. 이 길은 내 인생에 전혀 계획된 길도 아니었고 준비된 상황도 아니었다. 그동안 보내 준 영혼들의 상처와 고통을 통해 그들이 겪고 있는 신음 소리를 듣게 하셨다. 세상 이야기, 사람관계, 가족, 부부, 친구, 이웃 이야기, 등 그 속에서 아우성치는 영혼들의 소리가 있었고 그 이야기는 오늘 사역 현장에서도 동일하게 들려온다.

현대인들에게는 우울증, 공황장애, 수면장애, 외상 후 장애, 트라우마, 지나친 스트레스 등 크고 작은 여러 문제들을 가지고 살아간다. 오늘날 마음의 병은 불행을 가져오는 사회현상으로 공론화 되어 있다. 지금의 사회는 스트레스 사회이고 트라우마 사회라고 표현해도 과언이 아닐 정도다. 마음의 상처가 심한 이들이 늘어나기에 그렇다. 가정, 학교, 직장에서의 폭력이 늘어나고 이혼으로 파괴되는 가정이 많아지고 자살률이 OECD 국가 중 1위이다. 단순히 정신적인 문제에 그치지 않고 그 증세가 심각하면 폭력이나 자살로 이어지기 때문에 사회의 관심과 지원이 절대적으로 필요한 때이다.

교회 안의 현실도 마찬가지다. 그 어느 곳보다도 교회는 관심을 가지고 더 구체적이고 책임 있는 사역을 준비해야 한다. 하나님의 자녀들이 모인 교회는 세상과 교회 안에서 상처받은 영혼들이 어울려 살아가는 믿음의 공동체이다. 때로는 내가 상처를 주기도 하고, 타인으로부터 상처를 받기도 한다. 그러나 공동체가 있기에 우리는 그곳에서 상처를 치유하며 회복하기도 한다. 때론 나에게 있는 상처로 인해 마음에 작은 흔적들이 생기지만, 그 흔적 사이로 예수 그리스도의 향기가 품어져 나오고, 우리의 신앙은 점점 단단해지기도 한다.

풀잎을 짓이기면 풀 내음이 가득하듯이, 예수 그리스도 안에서 받는 크고 작은 상처는 진한 믿음의 향연이 되어 하나님께 전달될 것이다.

우리는 애처롭게 들려오는 그들의 신음 소리를 들으면서 비록 자신의 잘못과 부족으로 고통 가운데 있을지라도 교회를 신뢰하며 기대와 희망의 발걸음을 옮길 수 있는 준비된 교회, 상처 입은 영혼들을 품을 수 있는 교회로 거듭나 하나님 품으로 이들을 인도해야 할 것이다.

이 책을 통해 자신의 행복을 추구하는 사람들, 자신의 모습을 고백할 수 있는 사람들, 그리고 하나님을 향하여 한 걸음 한 걸음 내딛는 영혼들이 회복되는 은혜가 있기를 기도한다. 지금까지 이 책이 나올 수 있기까지 주변에 많은 분들의 도움이 있었기에 가능했던 일이었다. 멘토가 되어 주신 분, 비전을 공유하며 함께 교제했던 분들, 필요한 때마다 마음 다해 협력해 주신 좋은이웃교회 성도들의 사랑에 감사드린다. 집필에 함께 해 준 아내와 응원을 아끼지 않았던 가족들, 중보기도로 동참해 주신 분들께도 감사의 마음 전한다.

2024년 5월 30일
청계리 동산에서 조봉제

목차

헤브론을 향하여 가는 길...

1부

자신을 보면서 가는 길

자신을 보면서 가는 사람

"당신은 어떤 사람입니까? 당신은 자신에 대해서 얼마나 알고 있습니까?"

대뜸 이런 질문을 던지면 제대로 대답할 사람이 과연 얼마나 될지 의문이다. 그만큼 평소에 우리 자신에 대해 잘 알고 살아가고 있다는 착각 속에 사는 것이 아닌지 생각해 보게 된다. 아들이 군대 입대하기 전에 가족들과 다과를 먹으면서 나누었던 대화가 생각난다. 우리 가족들의 장점과 단점을 3가지만 말해 보라는 것이었다. 선뜻 뭐라고 말해야 될지 몰라 망설이다가 서둘러 말한 것들이 기억된다. 나는 과연 나를 얼마나 알고 살아가고 있는가?

많은 사람들은 어렸을 때부터 부모와 가정의 환경 그리고 사회적인 거울에 의해 만들어진 자신의 모습이 자신의 전부인 양 착각하며 살아가고 있다. 우리가 성장하면서 만들어진 내 모습, 학벌, 사회적 위치, 소유, 과연 이러한 겉으로 드러나 보이는 모습만으로 한 사람을 제대로 평가할 수 있을까?

사람은 상황에 따라 참으로 다양한 모습을 가진다. 집에서는 한 여자의 성실한 남편이자 존경받는 아버지, 효성이 지극하고 듬직한 아들,

직장에서는 성실함으로 능력을 인정받는 사원, 친구들과 어울릴 때면 웃기는 별명으로 통하는 장난꾸러기, 커뮤니티 모임에서는 다양한 끼와 재능을 가진 탤런트 등 이루 헤아릴 수 없을 정도로 많다. 가끔은 스스로가 자신을 이해하지 못할 때도 있을 것이다. 내 자신을 아는 것은 죽을 때까지 풀어야 할 숙제와도 같은 것이다. 이제 그만 다른 사람들이 어떻게 살아가는지에 대한 관심을 줄이고 스스로에게 눈을 돌리자. 삶이란 어찌 보면 매일 매일 현실과 이상, 본능과 이성 사이에서 갈등하며 살아가고 있는 자신에 대해 알아가는 과정이 아닐까 생각해 본다. 이 세상에서 유일무이하고 위대한 존재인 나 자신을 알아보자. 너무나 기대되고 흥미진진한 여행이 되지 않겠는가?

우리는 언제나 밖을 본다. 그리고 멀리 있어 손에 잡히지 않는 것들을 갈망한다. 타인을 바라보고, 세상을 바라보고, 외부의 기준을 살피느라 늘 분주하다. 그렇게 우리의 시선이 밖을 향해 있는 동안 우리는 자신을 잃어버린다. 아니 어쩌면 애초에 자기에 대해 알아볼 생각을 하지 않았으니 잃어버렸다는 표현은 어울리지 않는다. 우리는 자신을 알지 못한다.

자신을 모르는 사람들끼리 만나 서로를 알아가려 하는 모습은 그래서 애처롭고 불안하다. 스스로를 모르는데 타인에게 나에 대한 무엇을 설명할 수 있을 것이며 뿌리와 토대를 모르는데 무엇을 쌓을 수 있단 말인가. 알아간다는 것은 무엇인가? 한 사람을 알아갈 수 있는 방법은 무엇일까? 나 혼자 상대방을 미루어 짐작하거나, 상대의 입을 통해 그 사람에 대해 듣는 것, 이 두 가지 방식으로 가능하다. 자신을 들여다볼 줄 아는 사람이 좋다. 그런 사람들은 귀하다. 수가 적어서 귀하고 가치롭기에 귀하다. 그런 귀한 사람들 사이에서 살아갈 수 있는 삶은 더욱 더 귀하다.

당신의 가면은 무엇인가?

나 아닌 나

인간이라면 누구나 한 겹 혹은 여러 겹의 가면을 쓰고 살아간다. 사회생활을 하기 위해 갖추어야 할 복장이나 화장처럼, 우리는 가면을 그렇게 한 겹씩은 뒤집어쓰고 세상과 만난다. 홀로 고립되어 살 것이 아니라면 얼굴에 스쳐 지나가는 수많은 모르는 사람을 포함해서 가족 같은 가까운 몇 빼고는 대놓고 민낯을 보여 주기에는 편하지 않기 때문이다.

모 TV 방송국에 〈복면가왕〉이라는 프로그램이 있다. 특이한 가면과 복장으로 얼굴과 신체를 숨겨 누가 누구인지 모르는 상태로 노래를 부른다. 결국은 경연의 일종이지만 선입견과 편견을 배제하고 노래로만 평가한다는 데 의의가 있다. 누구인지 추측하는 것도 재미있지만 예상과는 다른 사람임을 알았을 때 우리가 발견하는 자아와 타인의 관점 차이, 보이는 것과 보이지 않는 것의 경계, 보편적이고 획일화된 지식의 불완전성 등에 대해 놀라움이 더 큰 것 같다.

가면은 인간의 역사와 함께했다. 두려움 앞에 심리적 방어기제와 자기 보호를 위해서, 자신의 힘과 존재를 드러내기 위해서, 가면 뒤에 숨어 해방감과 자유를 누리는 데 필요한 도구였다. 실체의 가면만이 꼭 가면은 아니다. 말과 행동, 생각과 표정이 다른 것도 일종의 가면이다. 내가 생각하는 '나'와 남이 생각하는 '내'가 다르다. 나의 말과 행동에 가끔 상대방이 예상치 못한 반응을 보일 때가 있다. 그럴 때면 나에게 무슨 문제가 있는지 돌아보기보다 엉뚱하게 상대방에게서 그 원인을 찾으려고만 급급했다. 나의 의도와 상대방의 인식이 달랐던 만큼 내가 수많은 가면을 쓰고 있었거나, 나 자신이 나의 진짜 얼굴을 모르고 있었던 것은 아니었을까?

우리는 수많은 가면을 만들어 내고 그 속에서 숨어 산다. 그래서 가면이 어떤 때는 삶을 지혜롭게 살아가는 방편이 되기도 하고 때로는 무의식 속에 또 다른 나를 표현해 내는 위선의 모습이 되기도 한다. 중국의 경극 배우처럼 새로운 가면으로 시시각각 바꾸어 가며 현실에 부합하고 타협하기도 하고, 주위 환경에 순응하며 위장하기도 한다. 용기라는 가면을 쓰고 사랑 고백도 할 수 있지만, 불특정 다수라는 가면을 쓰고 무질서한 군중의 일원이 되기도 한다. 그렇다고 자기 자신마저 속일 수는 없는 일이다. 싫은 것은 싫다고, 안 되는 것은 안 된다고 당당하지 못하며 속으로는 성공한 친구를 질투하고 시기하고 있으면서 겉으로는 마음 없는 박수와 경탄을 내지르며 아쉬운 속내를 감췄는지도 모른다.

한때는 코로나 때문에 마스크를 항시 쓰고 살았다. 마스크가 곧 가면 같다. 처음에는 어색하고 불편했지만 지금은 오히려 편한 측면도 있다. 내 정체성을 마스크 뒤에 숨기고 사는 재미에 빠졌기 때문이다. 얼굴과 표정이 드러나지 않고 분위기나 감정이 실종되어 버렸다. 입을 삐죽거리는지, 억지웃음을 짓고 있는지 타인의 시선으로부터 자유롭다. 나도 너를 모르고 너도 나를 모른다. 감추고 산다는 게, 투명 인간이 된다는 게 사뭇 편하기도 한 것 같다. 웃고 싶으면 웃고, 화나면 화내고 살면 좋겠지만 그것을 숨기고 살아야 한다는 우리 현실이 얼마나 서글픈 일인가? '얼굴'이란 우리말의 의미는 얼은 영혼, 굴은 통로라는 뜻이 있다고 한다. 마치 영혼이 들락거리는 것처럼 사람의 얼굴은 마음 상태에 따라 천태만상 달라진다. 가면은 '진정한 나와는 다른 나'의 얼굴이다. 때로는 은폐 속의 자유로움을 주지만 언젠가는 벗어야 할 가짜 얼굴이다. 어쩌면 죽음 뒤에야 비로소 가면을 벗을지도 모른다. 벗었을 때 진짜 얼굴이 부끄럽지 않았으면 좋겠다.

가면 뒤의 내면 아이

타인과 함께 있을 때 가면을 쓰는 사람들이 늘어가고 있다. 바깥에서는 사교적이고 명랑하며 적극적이라는 인상을 주지만 돌아서 혼자가 되면 가면을 쓰느라 소진한 에너지 때문에 우울하고 외로워진다. 습관적으로 적극적인 모습을 가장하고, 다른 사람의 문제에도 발 벗고 나서지만, 정작 자신이 겪는 어려움에는 아무런 관심을 받지 못하고 스스로 천천히 삭힐 뿐이다. 타인의 말 한마디에도 쉽게 상처를 받곤 하지만 누군가에게 그런 모습을 들킬까 봐 애써 태연한 척 표정을 관리한다. 내향적인 자신의 본 모습을 이해해 주는 친구를 만날 수 있기를 바라지만 그런 사람이 나타나면 본능적으로 도망쳐 버린다. 적극적인 척, 대범한 척, 상처를 받지 않은 척, 괜찮은 척, 좋은 척 가장하는 속마음에는 그 누구도 이해할 수 없을 정도로 지쳐 버린 내면의 아이가 숨어 있다.

요즘 사람들에게는 이해할 수 없는 일들이지만 지금의 50대~60대를 살아가는 사람들 중에는 어린 시절 개인의 집안 형편에 따라 부모가 낳은 자녀들을 본인이 직접 양육하지 못하고 부모를 떠나 할아버지 할머니 집이나 혹은 큰아버지 집에서 성장한 자녀들을 상담하면서 발견할 수 있었던 사례와 유형들을 살펴보면 이런 분들의 생활 속에서 나타나는 성격의 유형들이 있다. 첫째는 굉장히 독특하다는 것이다. 둘째는 자신의 존재를 남에게 굉장히 드러내 놓으려 하는 생활 패턴을 가지고 살아가고 있고 셋째는 현재의 가정생활이 원만하지 못하다는 것이다 모두가 그런 것은 아니지만 대부분의 부류가 여기에 속해 있다는 것은 그만큼 온전하지 못한 자신의 어린 시절 부모와의 헤어짐으로 생긴 분리불안과 채워지지 않는 굶주린 사랑 결핍의 영향은 성장하지 못하고 웅크리고 있는 내면 아이의 고통이다. 어린 시절의 트라우마는 결혼 후 가정생활을 하면서 더 구체적으로 드러나 부부의 갈등으로 이어지고 심할 경우 서로 이별하는 이혼의 아픔을 경험하기도 한다.

초등학교 교사로 재직 중인 한 선생님은 어린 시절 본인이 출생한 가정에서 성장하지 못하고 자녀가 없는 큰집의 양녀로 출생신고를 하고 살았다. 그리고 본인 뒤에 태어난 동생은 부모님과 함께 살고 있었다. 성인이 된 후 선생님은 어디를 가든지 남에게 뒤지는 것을 싫어하고 옳지 못한 것을 참아내지 못하며 학교 내에 동료 선생님들과의 관계도 원만하지 못하고 자신이 하는 일은 누구보다 자신 있게 할 수 있다는 신념으로 교직생활을 해 왔던 것이다. 상담을 하면서 고백한 내담자의 표현은 자신은 지금까지 누구도 믿을 수 있는 사람이 없었다는 것이었다. 그리고 지나친 자기 우월의식에 사로잡혀 남들은 도저히 인정할 수 없는 행동을 하면서 본인은 주위의 반응에 아랑곳하지 않고 자신의 이런 모습들은 주위 사람들이 너무 수준이 낮아 자신을 알아보지 못한다고 투사하고 있었던 것이다. 자신이 성장하면서 굶주린 사랑의 웅크린 내면 아이는 자신도 모르게 가면을 쓰는 것이 익숙해진 삶으로 길들여져 왔던 것이다. 동생과의 관계에서도 자신이 언니로 태어났으니 언니로서의 역할을 하고 살아야 하는데 동생이 오히려 큰딸 노릇 하는 것이 용납되질 않아 동생을 만날 때마다 구박을 하고 괴롭혀 왔었다. 내담자의 경우 이미 자신을 낳아 준 부모를 떠나 살면서부터 불신과 불안의 마음이 항상 안절부절못하게 만들었고 주위의 시선에 예민하게 반응하게 했던 것이다. 그리고 자신을 버린 것에 대한 상처의 아픔은 무슨 짓을 해서라도 자신의 존재를 인정받길 원했고 남들에게 자신이 대단한 존재라는 것을 알아주길 바라는 마음으로 인생을 살아온 것이다. 다시 말해 본인이 가져야 할 참 자아상을 상실하고 버림받은 상처의 아픔이 토대가 되어 거짓 자아의 삶을 살아가는 것에 길들여져 왔으며 자신을 방어하는 유일한 방법이 가면을 쓰는 일이었던 것이다. 만약 어린 시절의 불안과 불신의 버림받은 상처와 굶주린 마음에 대하여 회복하지 못하고 살아간다면 거짓 자아의 파워는 더 크게 나타날 것이고 자기 자신이라는 존재는 아예 상실되고 몇 번이고 상황에 따라 씌워지는 가면의 탈을 쓰게 되면서 시간이 흐를수록 불편함의 생활은 극에 달할 것이다. 결국 모든 인간은 가면을 쓰고 거짓 자아로 살아갈 수밖에 없는 내면의 장애를 가지고 살아가고 있음을 인정하는 데부터 치유의 회복은 일어나게 될 것이다.

가면을 쓴 삶의 모습

이렇게 가면을 쓰고 살아가다 보면 내면의 자아와 외면의 자아 사이의 불일치가 일으키는 심리적 증상이 드러나기 시작한다. 내가 누구인지에 대한 근원적인 혼란이 대표적 증상이다. 너무 오랜 시간 가면을 쓰면서 진정한 자신과 만들어 낸 자신 중 무엇이 정말 자신인지를 구분해 내지 못한다. 자신이 왜 그렇게 행동하는지, 생각하는지 혹은 느끼는지 알 수가 없다. 늘 내뱉는 말은 "난 원래 그래, 그래서 뭘 어쩌라고!"라는 항변이다. 그리고 그렇게밖에 하지 못하는 자신을 늘 매섭게 비판하고 몰아세운다. 다른 사람에게 괜찮다는 말을 듣고 싶으면서 막상 들어도 받아들이지 못하는 자신이 답답하다. 머릿속엔 늘 "반드시 ~해야 해!"라는 생각으로 가득하다. 그 기준으로 자신과 타인에게 수많은 행동 기준을 제시한다. 거기에 맞추기 위해서 사람과 상황을 통제하기 시작한다. 그 통제가 어긋나기 시작하면 짜증이 나고 그 짜증은 곧 분노로 이어진다. '내가 분명히 말했는데 어떻게 감히 나에게 이럴 수 있지?'라는 생각으로 주변의 사람들을 공격한다. 그 공격은 심한 말과 함께 직접적으로 표현되기도 하고, 삐지는 것과 같이 수동적으로 표현되기도 한다. 이런 일들이 반복되면 결국 자신이 문제라고 생각하며 위축되어 혼자만의 동굴로 들어간다. 이때 공허함과 우울감이 동반되는 경우가 많다. 심한 경우는 스스로 삶을 마감하는 생각을 하기도 한다.

가면을 쓰고 있으니 타인을 이해하는 공감 능력은 현격하게 떨어질 수밖에 없다. 자신의 내면을 감추느라 급급하여 타인의 감정을 수용하고 이해할 여유가 없기 때문이다. 그 결과 다른 사람들로부터 타인이 겪는 삶의 문제는 축소하고 자신의 문제는 심각하게 여기는 지독한 정서적 이기주의자로 취급받게 된다. 물론, 자신은 이렇게 위태로운 세상에서 홀로 고군분투하는 자신이 이해받지 못한다고 생각할 것이다. 그리고 자신이 짊어졌다고 느끼는 과도한 책임감은 벗어낼 수 없다. 무엇인가 잘못하고 있다는 거짓 죄책감에서부터 자유롭지도 못하다. 누군가와 친밀한 관계를 맺고 싶지만 그것조차 쉬운 일이 아니다. 관계를 위해 다 퍼주기도 하고, 완전히 통제하려 노력하기도 한다. 그러면서 관계에서의 신실성에 대한 의심을 내려놓을 수가 없다. 이런 사람들에게서 권위를 내세워 누르려고 하거나, 그 반대로 지나치게 의존하는 모습이 보이기도 한다. 사랑한다는 말을 믿을 수 없다. 친하다는 말에는 수많은 조건이 붙는다. 사람들과 연결되고 싶지만, 자신이 하는 행위는 그 사람들을 밀어내는 것 같아 고통스럽다.

이것이 가면을 쓴 사람의 삶이다. 우리는 가면이 불편하면서도 온전히 벗을 수가 없다. 오히려 이 세상에서의 상처는 우리로 하여금 그 가면을 더욱 두텁게 만들게 한다. 더 많은 성공으로, 화려한 꾸밈으로, 지나친 지성화로, 과도한 봉사로, 끊임없는 유머로, 숨 쉴 틈 없이 바쁜 삶으로, 하나의 흠도 없는 완벽한 모습으로 더 괜찮은 척해야 한다. 그래야 다른 사람들이 나의 약함을 보지 못한다. 그것이 생존의 수단이다.

자신의 내면을 감춘 채, 또 다른 모습으로 보이고 싶어서 자신을 가장하는 말이나 행동을 하는 사람을 가식적인 사람 혹은 위선적인 사람이라고 부른다. 그런 단어로 묘사된 사람을 가까이하고 싶어 하는 사람은 없을 것이다. 우리가 타인의 진실하지 못한 모습을 파악하면 그것을 근거로 그 사람과의 관계 전체를 부정적으로 해석하게 된다. 아마그 사람은 그 거짓된 모습을 통해서 타인을 이용할 것이라 판단할 수도 있다. 그러니 우리가 그런 사람 옆에서 상처를 받지 않으려면 처음부터 피하는 것이 상책이라 생각할 수도 있다. 그러나 많은 경우 그렇게 자신을 꾸미려 하는 사람들은 다른 사람을 이용하려 하기보단, 자신을 방어하려고 애를 쓸 뿐이다. 자신 내면에 있는 약함을 가리기 위해서 가면을 쓰는 것이다. 이 가면을 거짓 자아(Pseudo Self)라고 부른다. 이 거짓 자아는 개인의 성장 과정에서 형성된다. 특히 이것엔 자아관이 형성되기 시작하는 어린 시절에 우리가 어떤 양육환경에서 자랐는지가 절대적인 영향을 미친다. 소위 우리가 역기능적인 가족이라고 부르는 환경을 생각해 보자. 한 아이가 정서적, 신체적, 성적인 학대, 엄격한 규율, 부모의 약물 중독, 부모의 외도나 이혼, 가족의 심리적 또는 신체적 질병, 가족의 자살, 정서적 또는 신체적 방치된 경험을 했다고 가정해 보자. 그 안에서 아이는 일관성 없는 규칙, 긴장과 스트레스, 친밀함의 부재, 과도한 책임감, 불분명한 의사소통, 제한된 감정표현, 가족 문제를 숨김, 대리 부모의 역할 등을 겪어야 했을 것이다. 이는 그 아이의 정서적 영역에 부정적인 영향을 끼치게 된다. 슬픔. 무력감, 수치심, 자괴감, 두려움, 분노, 부적절감, 소외감, 혼란 등이 깊게 자리하게 된다. 이뿐만 아니라 그런 경험은 인지적 영역에도 왜곡된 사고를 심어 놓는다. 아무도 나를 사랑하지 않을 거야, 나는 잘하는 일이 하나도 없어, 아무도 나를 믿어 주지 않을 거야, 나는 어느 곳에도 소속되지 못할 거야, 모두가 나를 비난할 거야, 나는 결국 혼자 남게 될 거야, 나는 다 망치게 될 거야, 결국 모두에게 배신당하게 될 거야. 하는 생각들이 자신과 타인과 세상을 왜곡되게 해석하는 틀이 된다. 이런 왜곡된 사고로 말미암아 자신을 방어하는 삶에 익숙해지고 그 방법으로 가면을 쓰는 것이 일상화되어 있기에 회복하기까지는 쉽지 않다.

행복해지려면 가면을 벗어라

정직하다는 것은 솔직하고 진실한 것을 말한다. 그럴려면 우리 자신은 그 어떤 것도 아닌 나 자신이 가면을 쓰고 살아가고 있구나 하는 것을 발견하고 인정하는 데부터 시작해야 한다. 본인 스스로가 가면을 쓰고 있다는 사실을 인식하지 않는 사람이 어떻게 가면을 벗을 수가 있을까? 가면을 쓰고 있다는 말은 겉과 속이 다른 것을 말한다. 우리는 살아가면서 알게 모르게 수많은 가면을 쓰고 산다. 그 가면의 이름은 '척'이다. 있는 척, 배운 척, 잘난 척, 고상한 척, 힘들지 않은 척, 무섭지 않은 척, 친한 척, 자상한 척, 친절한 척, 이성적인 척, 겸손한 척, 교양 있는 척 등. 그리고 때로는 그 가면 때문에 힘들어한다. 힘든 상황에서 힘들다고 드러내면 덜 힘들 것을, 힘들지 않은 척하며 숨기다 보면 더욱 힘들어질 때가 있다. 모르는 것을 모른다고 드러내면 홀가분해질 것을, 모르는 것을 아는 척하느라 곤란해질 때도 있다. 교양이 부족하면 채우면 그만이지만, 그것을 드러내지 않으려 애쓰다 보면 힘이 들게 마련이다.

몇 년 전 지인이 피자 가게를 오픈했다고 해서 방문한 적이 있었다. 함께 교제를 나누던 중 지인이 저에게 질문을 했다. 서로의 사정을 너무 잘 아는 지인이셨기에 요즘 지내시는 게 많이 힘드시지 않느냐고? 물었다. 그때 나의 입에서 나온 대답은 으레 습관적으로 하는 수준의 대답이었던 것으로 생각된다. "요즘 대부분 사는 게 다 힘들지 않느냐고 그러니 참고 견뎌내야죠. 어떡해요" 그 대답에 돌아온 반응은 나 자신을 돌아보는 그야말로 속상함 그 자체였다. 지인이 표현했던 말은 "왜 힘들면 힘들다고 솔직한 표현을 하시면 될 걸 힘든 자체를 솔직히 표현하시는 게 그렇게 힘드시느냐고" 반문해 온 것이다. 지금까지 나를 옆에서 지켜보면서 느낀 감정들이 대부분 그랬다는 것이다. 그 자리에서는 뭐라고 말할 수는 없었지만 지인과 헤어지고 집으로 오는 길에 자신의 혼란스럽고 무거운 마음으로 인해 너무 힘든 귀갓길이었다. 나는 왜 솔직하지 못한 채 살아가고 있는지 나 자신의 감정을 정직하게 표현하지 못하고 으레 습관적인 표현을 하는 것에 일상화되어 버렸는지 당시엔 정말 혼란스럽고 힘든 시간들을 보낸 적이 있었다. 그 일들은 나에게 적잖은 충격을 가져다주었고 이런 문제로 고민하고 있던 시기에 문득 기억을 스쳐 가는 어린 시절의 한 사건이 떠올랐다. 어느 날 동네에 사는 친구 집에 놀러갔을 때였다. 마침 친구는 가족들이 밥상에 둘러앉아 식사하는 시간이었던 것으로 기억이 나는데 그때 밥상엔 따뜻한 밥과 맛있는 반찬들이 눈에 들어왔다. 친구 엄마가 내 이름을 부르며 너도 밥 안 먹었으면 여기 와서 같이 먹자고 했었다. 50년 전의 일인데도 뚜렷이 기억나는 것은 그때 나는 정직한 표현을 하지 못했다. 친구 엄마가 나에게 배고프면 밥 같이 먹자고 했을 때 나는 밥을 먹지 않은 상태라 배가 많이 고파 있었다. 그러니 밥이 먹고 싶었을 텐데 친구 엄마에게 내 감정을 속인 표현을 한 기억이다. "저 밥 먹고 왔어요. 괜찮아요" 사실은 밥도 먹지 않고 배도 많이 고픈 상태였는데 왜 그런 말을 했을까? 부끄러워서 그랬을까? 아님 용기가 없어 그랬을까? 수치심이었을까? 어린 시절 있었던 일들은 간혹 나 자신에 대해 생각해 볼 때 한 번씩 떠오르는 사건이었다. 어린 시절부터 몸에 벤 습관적 표현은 성인이 된 지금에도 가끔 나타날 때가 있다. 물론 지금은 그렇게 하지 않으려고 노력하고 있지만 이 일들로 인해 자신의 감정을 정직하게 표현하지 않고 살아온 것이 몸에 배어 버린 나 자신에 대하여 구체적으로 고민할 수 있는 기회가 되었고 그 이후로 감정 자체를 솔직히 표현하는 의식으로 변화시켜가는 계기가 되었다. 이런 일들이 있기 전까지 나 스스로가 나의 감정을 존중하지 않았고 외면해 왔던 모습을 볼 수 있었다. 결국 자신의 본마음과는 달리 무엇 때문에 가면을 쓰게 되었는지 알 수는 없었지만 중요한 것은 나 자신이 나를 존중하지 않고 살아온 것이다. 이는 나 자신에게 스스로 가면을 씌우는 것이다. 가면은 우리를 불편하게 만들기도 하지만 다른 사람에게 정직하지 못한 모습으로 대하는 것과 같다. 이런 관계에서는 서로가 절대 좋은 관계를 맺어 가기는 쉽지 않다. 그러므로 우리는 자신이 가면을 쓰고 살아온 것에 대한 돌이킴이 있어야 하고 자신을 위해 이웃을 위해 옆 사람을 위해 가면을 벗어야 편안해지고 행복해진다. 가면을 쓴 상태에서는 절대 행복해질 수 없다. 삶이 행복해지려면 쓰고 있는 가면부터 벗어던져야 한다. '척'하는 것만 벗어던질 수 있다면 삶의 무게가 훨씬 더 가벼워질 텐데, 그리고 삶이 훨씬 더 만족스러워질 텐데 우리는 쉽게 그 가면을 벗어던지지 못한다. 그것은 주위 사람들을 의식하기 때문이 아닐까 싶다. 주변 사람들을 의식하지 않고 하고 싶은 일을 할 수 있는 용기가 부족하기 때문 아닐까 싶다. 서로의 관계를 불편하게 만드는 가면을 벗어버릴 수 있는 유일한 방법이 있다. 그것은 다름 아닌 우리 자신이 먼저 자신의 감정을 존중하는 법부터 배워야 한다. 그런 뒤 담대하게 자신을 표현해야 한다. 누구나 긍정적으로 바라는 것은, 자신의 참 모습을 다른 사람에게 드러내어 외부세계와도 더 친밀한 관계를 맺고 더욱 의미 있게 살아가는 것이다. 자신에게 솔직해 지는 것은 두려움 없이 자신을 드러내는 데서부터 비롯된다. 드러낼수록 두려움이 사라지기 때문이다.

거짓 자아

정체성 혼란

　인간은 외모로만 평가되지 않는다. 외적 모습과 겉으로 보이는 성격 자체가 그 사람의 전부는 아니다. 인간은 내면의 아픔을 숨긴 채 전혀 다른 모습을 보이며 살아가기도 한다. 인간의 자아는 태아 때부터 시작해 주로 유년기 때 형성된다. 태아 때부터 보호자와 어떤 관계를 형성하였고 유년기 때 보호자와 어떤 유대감을 형성하였느냐에 따라 한 인간의 정체성은 달라진다. 나는 누구인가라는 질문은 한 인간이 살아가는 이유를 밝혀 주며 한 인간의 인생을 좌우하는 매우 중요한 것이다. 자신의 인생을 살아가야 하지만 주체적이지 못한 나머지 타인의 삶을 의식하여 시시때때로 변하는 자신의 모습을 볼 때 견딜 수 없는 고통을 경험하게 된다. 자기 자신을 정확히 모르는 사람은 인생의 위기를 만났을 때 그렇지 않은 사람과 확연히 구분된다. 인생의 어려움을 긍정적으로 해석하는 사람은 스스로 위기를 극복하려고 하지만, 삶을 부정적으로 생각하는 사람은 마음속에 올바르게 형성되지 못한 자아로 인해 삶의 방향을 어느 곳으로 향하여야 할지를 찾지 못한 채 절망의 세계로 빠져든다.

정체성 왜 중요한가?

　엄마와 아이의 관계는 불가사의하다. 엄마가 없는 아이는 구멍이 뚫린 독처럼 아무리 큰 사랑을 받고 맛난 음식을 먹고 좋은 옷을 입더라도 채워질 수 없다. 애착의 부재 때문이다. 누군가 나를 지켜보고 있으며 안정감을 준다는 것은 인간의 존재를 세워주는 것이다. 부모와의 애착이 올바르게 형성되지 않는 것은 정서적 의존이 제대로 이루어지지 않는 것으로 한마디로 일종의 사망선고라고 할 수 있다. 왜냐하면 정서적 의존은 인간에게 행복감을 제공하기 때문이다. 적절치 못한 정서적 의존은 기본적인 불신을 비롯한 우울감, 상실감을 유발하며 그 내면의 상처는 자기애를 말살시켜 죽음에 이르게 한다. 생모와의 이별은 아이의 자아존중감에 어떤 영향을 미칠까? 생모와 헤어지게 되면 자신을 사랑하고 자신을 객관적으로 바라보는 능력을 어떻게 지닐 수 있을까? 자신에 대한 믿음과 자신의 모습에 대한 인정은 삶에 필요한 힘을 얻게 해 준다. 최초의 이별을 경험한 아이는 유기되었다는 것을 인지하지는 못하지만 단지 누군가로부터 거부당했다는 것을 알게 될 것이다. 유기로 인해 안정감을 얻지 못하고 인간에 대한 신뢰를 갖지 못해 거짓 자아를 형성하게 되는 것이다.

　아기가 부모에게서 거부당했다고 생각하게 되면 자신에 대한 신뢰를 상실하게 되며 자신의 일부가 사라졌다고 느낄 것이다. 깊은 상실감에서 기인한 거짓 자아로 인해 타인과의 소통 능력이 떨어지고 결별로 인한 트라우마로 심각한 불안장애를 느끼게 된다. 잃어버린 어머니에 대한 갈망은 체념과 상실감으로 이어져 죽음도 두려워하지 않을 만큼 자신만의 유일한 방어기제를 갖게 된다. 이처럼 부모로부터의 분리가 아이에게 얼마나 큰 정신적, 심리적 고통을 주는지 우리는 이해할 수 없을 것이다.

인간은 누구나 친부모와의 관계가 끊어지는 순간 정상적인 인간으로 성장하는 데 큰 제약을 받기 때문이다. 낳은 부모와 기르는 부모는 엄연히 다르다. 아무리 지극정성으로 보살피더라도 아이에게 친부모처럼 느껴질 수는 없다. 친부모와의 관계는 하늘이 맺어 준 것이며 그 누구도 이해할 수 없는 고귀한 관계이기 때문이다.

포장을 벗겨내는 용기

거부에 대한 두려움은 점차 자신이 거부당하지 않도록 상대방의 기대와 요구에 부응하는 거짓 자아를 형성하게 된다. 거짓 자아의 초점은 자신이 원하고 느끼고 요구하는 것이 아니라 상대방에게 사랑받고 용납받기 위한 원함과 느낌 그리고 요구이다. 자신의 모습 그대로는 상대방에게 이해될 수 없고 거부당할 수 있다는 두려움 속에서 자신의 실체를 숨기고 상대방에게 용납받을 수 있는 허상을 만든다. 자연히 자신의 모든 에너지는 상대방의 기대에 부응하기 위한 목적에 집중된다. 그리고 자신의 감정과 원함을 억누르고 부인하는 현상이 일어나게 된다. 점차 거짓 자아가 중심이 되는 삶의 양식을 형성하게 된다. 거짓 자아의 특징은 자신의 실체가 누구인가에 관심을 두기보다는 자신이 남의 눈에 어떻게 드러나고 평가되느냐에 있다. 마치 연극을 하듯이 자신의 실체가 아닌 사람들에게 보여 주기 위한 위선으로 가면을 쓰고 이중적인 생활을 한다. 이들은 사람들에게 잘 보이고 용납받기 위해서 신앙의 실체인 하나님 앞에 선 자신의 존재를 망각하고 위선적인 모습으로 자신을 포장한다. 이러한 위선적인 삶에 익숙해지면 어떤 모습이 실체이고 위선적인 포장인지 불분명하게 된다. 점차 포장된 자신이 실체라고 믿는 상태로 발전된다. 이와 같은 거짓 자아는 삶의 주도적인 개체가 되지 못하고 타인의 의견과 평가에 의해서 주도되는 역기능적인 현상이 일어나게 된다. 거짓 자아의 세계에서 사는 것은 두려운 일이다. 또한 우리는 경쟁적인 세상에서 위험한 삶을 꾸려나가고 있다. 우리는 끊임없이 방어적일 수밖에 없다.

거짓 자아의 세계는 외로운 세계이다. 다른 이들이 결코 가까이 오지 못하게 해야만 한다. 거짓 자아가 형성되는 데에는 오랜 시간이 걸리지 않는다. 거짓 자아를 증대시키고 어떤 희생을 치르더라도 그것을 보호하는 일이 일생의 과업이 되었다. 두려움이나 위험이나 외로움만 없다면, 부분적으로나마 그 상황을 즐길 수도 있다. 그러나 대부분의 사람들은 그렇지 않다. 우리 사회는 그렇게 행복한 사회가 아니기 때문이다. 오히려 많은 스트레스를 받고 신경 안정제를 복용하거나 정신과를 찾아간다. 또한 엄청난 희생을 요구하는 전쟁과 같은 것에서 카타르시스를 느낀다.

두려워 말고 분리시켜라

숨겨진 동기를 직면하지 않는 한 참 자아에서 올바른 행동을 할 수 없고 언제나 필요와 욕구, 곧 거짓 자아를 통해 보고 듣는 모든 것을 걸러낼 것이다. 그러므로 기도와 같은 수련을 통해 방어기제를 서서히 무너뜨려 숨겨진 동기들을 명확하게 볼 수 있어야 한다. 그것은 불을 켜는 것과 같다. 하나님이 우리에게 더 가까이 다가오실수록 자신을 더 분명히 보게 될 것이다. 거짓 자아는 상처 입기 쉽고, 무해하고, 아니면 다른 형태로도 보일 수 있다. 그래서 거짓 자아를 직접적으로 대면하지 않게 된다. 그러므로 거짓 자아를 떠나보내려 하지만 쉽지 않은 것이다. 왜냐하면 그것은 우리가 알고 있는 유일한 자아이기 때문이며, 거짓 자아를 떠나보내면 아무것도 남지 않게 될 것이라고 믿기 때문이다. 이것은 우리가 하나님으로부터 무엇인가 숨기고 있다는 것을 인정하고 싶지 않기 때문에 가장 좋은 방어의 형태로 거짓 자아라는 것을 받아들이는 것을 거부하고, 그것이 사람의 삶에 영향을 미치는 것을 거부하는 것이기 때문이다. 애정, 안전, 통제에 대한 인간의 기본적인 욕구는 저항할 수 없는 요구를 하며 가장 선해 보이는 행동에까지 은밀하게 영향을 준다. 다시 말해 때로는 겉으로 보기에 이타적인 행동도 실제로는 아주 이기적일 수 있다는 것이다. 그러므로 거짓 자아가 아주 교묘하게 작용할 수 있다는 것을 깨닫는 것이 중요하다.

가려진 종교의 행위들

우리는 반드시 자신의 거짓 자아와 맞서 싸워야 한다. 그 첫 단계로 내 자신이 거짓 자아를 가지고 있다는 사실을 인정해야 한다. 그것이 작용할 때 알아볼 수 있어야 한다. 만일 그렇게 하지 않으면 설교를 듣거나 하는 것도 시간 낭비이다. 왜냐하면 거짓 자아는 여과 장치와 같이 작용하여 듣고 싶지 않은 것을 걸러내기 때문이다. 그러므로 실제로 우리의 어두운 면을 직면해서 삶을 이끌어가고 있는 숨겨진 동기들을 알아챌 수 있도록 도와줄 어떤 영적 수련이 필요하다. 그러나 여기에서 중요한 것은 우리가 특별히 영적인 삶으로 이끌릴 때도 거짓 자아가 활동하고 있는 것을 알아야 한다. 거짓 자아는 아주 교묘해서 방해받지 않는 한 영적인 삶에 아주 행복하게 적응해 나갈 것이기 때문이다. 거짓 자아는 여전히 인정, 안정, 힘이라는 정서들을 통해 행복을 추구하려고 할 것이다. 더 나아가 거짓 자아는 하나님과의 관계까지 통제하려고 할 것이다. 거짓 자아는 내가 얼마나 영적인가를 사람들이 알아주기를 원하는 방식으로 인정받으려고 할 것이다. 사람들이 자신의 재능이나 높은 지성이나 두드러지는 경건함 등을 알아주지 않을 때 화가 날 것이다. 이럴 때 그리스도인의 봉사는 봉사 그 자체가 아니라 사람들에게 힘을 행사하는 것이 되고 만다. 그러므로 자신이 한 모든 일에 대해 다른 이들의 감사나 주목이 부족할 때의 자신의 반응을 살펴보면 자신의 진정한 행동 동기를 엿볼 수 있을 것이다. 거짓 자아는 매우 교묘해서 우리가 그것을 정면으로 대면하지 않는다면 계속해서 사고와 행동에 영향을 줄 것이다. 그러므로 복음은 회개하라고 촉구한다. 회개는 거짓 자아의 세계를 떠나보내는 것이다. 복음은 우리가 행복을 추구하는 방향을 바꾸고, 자신을 직면해서 무의식적인 동기를 드러내도록 도전해온다. 그렇게 해서 그 동기들을 복음과 일치시키도록 하여 참 자아로 나아가게 인도한다.

자기노출의 용기

상담치유를 위해서는 가장 진솔한 모습인 자신의 용기가 필요한 일이다. 왜냐하면 그것은 부적절한 정서나 부적응 행동의 원인이 되는 자신의 어려운 과거를 탐색하고 그것을 여러 사람들 앞에서 공개적으로 말하는 부담감에 직면해야 하는 일이기 때문이다. 자신의 어두운 과거를 기억하는 것만으로도 자아는 위협을 느낄 수 있다. 우리는 간혹 다음과 같이 말하는 자신과 만나게 된다. "그 일은 생각하고 싶지도 않아! 더이상 기억하고 싶지 않아!" 그런데 그렇게 기억하고 싶지 않은 이야기를 여러 사람들 앞에서 말해야 할 필요를 느낀다. 그것은 자아가 위협을 받을 때 나타나는 자기방어라는 자연적인 현상에 역행하는 것이며, 자기자신에 대해서는 적당한 선까지만 말하던 일상적인 삶의 양식과는 전혀 다른 행동이라 할 수 있다. 그것은 누구에게나 낯설고 부담스러운 일임에 틀림이 없다. 신체적인 질병의 치유이든, 정신적인 장애의 치유이든, 모든 치유에는 공통된 원리가 하나 있다. 그것은 자신의 아픈 상처를 드러내는 자기노출(self disclosure)의 원리다. 몸에 부상을 입어 병원에 간 사람은 외과의사에게 자기의 부상 상태를 보여 주어야 한다. 정신적인 장애로 정신과 의사나 심리치료자를 찾은 사람은 그들에게 자신의 장애 상태를 드러내야 한다. 왜냐하면 상처를 드러내지 않고 상처를 치유받을 수 있는 방법은 없기 때문이다. 이러한 원리는 하나님으로부터 우리의 잘못을 용서받기 위한 회개의 과정에도 적용된다.

용기 있는 도전

하나는 내면에 있는 진정한 자기(real self)이고 다른 하나는 남에게 보여 주기 위한 공적인 자기(public self)이다. 우리는 처음 이 세상에 태어날 때 무엇이든지 하고 싶은 대로 할 수 있는 자유로운 존재로 태어났다. 웃고 싶으면 웃고, 울고 싶으면 울고, 싫으면 싫다고 말하고, 좋으면 좋다고 말하고…. 그러나 그런 행동이 부모와 어른들로부터 무시 당하고 처벌을 받거나 혹은 인정되고 칭찬을 받는 강화의 법칙에 따라, 진정한 자기를 숨기고 남에게 보여 주기 위한 공적인 자기를 나타내는 방법을 터득하게 되었다. 그 결과 있는 그대로의 자기 모습을 숨기고 남에게 인정받고 칭찬받기 위한 가식적인 자기를 형성해 발달시켰다. 그런 의미에서 우리는 가면을 쓰고 살아간다고 할 수 있다. 이것이 자기소외의 현상이다. 상담치유를 위해 자기를 노출하는 것은 그와 같이 남에게 보여 주기 위한 거짓되고 공적인 자기의 가면을 벗고 내면에 있는 진정한 자기를 드러내는 것과 같다. 그런 의미에서 자기노출은 진실 되고 정직한 행동이다. 사람들이 자기 자신을 속이는 흔한 형태중의 하나는 자기에게는 문제가 없다는 것이다. 아픔을 지니고 있으면서도 아프지 않다고 말한다. 그래서 치유받을 것도 없고 할 이야기도 없다고 한다. 그러나 그렇게 말함으로써 그는 자기로부터의 소외현상을 피할 수 없게 된다. 자기노출은 상담치유를 위한 기본적인 원리이며 반드시 필요한 과정이지만, 자기노출은 강요될 수도 없고 강요되어서도 안 된다. 개인의 자유와 선택에 맡겨져야 한다. 왜냐하면 치유는 자발적인 동기가 없이는 어려운 일이며, 또한 치유에 대한 최종적인 책임은 결국 치유받는 사람 자신의 선택의 몫이기 때문이다.

자기발견과 돌아봄

자기발견과 고백

자신의 잘못에 대한 인식과 이유를 찾아내는 것은 자신의 인생에 있어 대단히 중요한 책임이다. 대부분 많은 사람들은 문제 인식에 대해 상대방에게 그 원인을 돌리려는 실수를 범하며 살아가고 있다. 그렇지만 그 원인을 찾아보려고 애쓰는 것은 자신의 삶에 귀한 도움이 분명히 될 수 있다. 이런 일들은 어릴 때의 기억으로 더듬어 올라가 잘못에 대한 책임을 느끼고 마음의 상처가 되었던 일들을 찾아낼 수 있는 기회도 될 수 있다. 어떤 일들은 몹시 후회가 되어 스스로의 고통을 자초한 자신의 모습을 발견할 수 있게 되며, 어떤 경우에는 이런 불쾌한 감정들이 몸에 밴 생활방식이 되어 자신도 모르게 잘못된 사고로 자리 잡아 의식을 지배하는 경우도 있다.

우리는 살아가면서 나타나는 여러 문제들을 통하여 건강한 자아를 찾아가는 지름길이 될 수도 있으며 자신을 성장한 모습으로 회복시켜 가는 기회가 되기도 한다. 왜냐면 우리는 자신도 모르게 어린 시절부터 내재된 부정적 감정이나 생각들이 지배함으로 비인격화되어 버렸고 습관적인 행동으로 길들여진 삶을 살아가고 있기 때문이다. 이러한 것에서 회복되어지지 못하고 인간은 자기발견, 자기돌아봄에서 오히려 무디어 짐으로 인해 고통의 삶을 만들어 내고 있는 것은 환경이나 다른 사람이 아니라 바로 자기 자신이라는 것이다.

창조주는 원래 자기발견과 돌아봄을 통해 성장과 치유의 과정 속에 자신에 대한 바른 이해와 정직한 회복을 위한 도구로 사용하고자 하셨다. 그러나 우리는 돌아봄이나 자기발견 없이 타인에게 투사적인 행동이나 자기방어적 태도를 취함으로 오히려 불행의 문을 열어놓고 사는 인생이 되어 버린 것이다. 그러나 하나님께서는 기도라는 도구를 통해 하나님께서 의도하신 바를 가장 확실하게 표현하는 기회가 되게 하셨다 다시 말해 하나님의 의도는 자기발견, 자기 돌아봄을 통해 자기 자신을 가장 깊이 알도록 하신 것이다. 이로 말미암아 하나님은 자기발견은 채찍이 아닌 하나님 자신에게 우리를 의존하도록 하시는 것이다. 건강한 자기발견과 돌아봄은 자신을 열어서 우리 스스로의 연약함을 고백하고 성령의 조명 앞에 정직한 모습으로 자신을 드러내는 몸짓이다. 하나님은 우리 인간의 나약함을 벌하려고 하시는 분이 아니라 우리가 하나님의 도움을 입어 더 건강한 피조물로 성장하게 하려 함이다. 우리에게 양심을 주신 것은 하나님과의 관계회복을 위한 것이고 자신은 정직한 모습으로 스스로의 연약함을 용기 있게 고백하기를 기다리고 계시는 분이시다.

순수성을 잃어버린 삶

사람은 누구나 인생을 행복하게 시작하지만 어른이 되어 가는 과정 속에 행복을 잃어버리고 사는 것 같다. 무엇이 어디서부터 잘못되었기에 순수함과 소박함이 주는 행복을 잃어버리고 살아가고 있는지 돌아보게 된다. 아이들은 작은 것에 행복해하는 법의 만족을 알기 때문에 어른들보다 더 행복한 것이 아닐까 생각된다. 물론 어른으로서의 얻게 되고 가지게 되는 행복과 기쁨도 있겠지만 때로는 순수함을 잃어버리고 사는 것 때문에 잃는 것이 훨씬 더 많을 수도 있지 않을까 하는 생각도 가져보게 된다.

얼마 전 아내와 산책을 나가는 길에 "썰매장 개장"이란 현수막을 보았다 그것도 빨간색으로 된 "무료개장"이라고 강조된 문구까지 넣어서 말이다. 눈에 확 들어왔다 그리고 아내와 볼일을 다 보고 그 무료 눈썰매장을 향했다. 아직 소문이 나지 않아서인지 사람들은 많지 않았지만 나 자신도 모르게 어린 시절 동심의 시절을 떠올리며 썰매를 타 보기로 했다. 50년 만인가? 이런 썰매는 처음이다. 아직 녹슬지 않은 실력도 나타났다. 한 바퀴를 도는 짧은 시간이었지만 타임머신을 타고 어릴 적 친구들과 함께 논바닥에서 놀았던 그 현장이 머릿속을 스쳐갔다. 그때는 많이 추웠다. 지금에 비하면 많이 열악한 환경이었는데도 추위를 잊어 가며 친구들과 함께 배고픈 줄도 모르고 놀았던 그 추억은 긴 시간이 흘렀는데도 잠시의 짧은 시간에 행복을 느끼게 해 주었다.

무엇이 나의 삶에서 순수함을 빼앗아 가 버렸을까? 무엇을 가지려고 목말라하고 소유하고 싶은 욕구에 이끌려 살고 있는가? 현재의 주어진 행복도 행복으로 여기지 못하고 살아가는 것이 우리 모두의 삶인 것 같아 씁쓸한 마음도 든다. 그때에 비하면 요즘 아이들은 첨단의 과학적인 장난감을 가지고 논다. 웬만한 장난감을 쳐다보지도 않을 정도의 세상 속에서 살아가고 있다. 우리가 살았던 그때는 그야말로 초라하기 짝이 없고 볼품없는 그 자체였다. 그런데도 그때는 왜 그렇게 좋았는지 가슴 한편에 자리 잡고 있는 잠시의 추억은 순간의 행복을 느끼게 해 주었다. 그 차이는 무엇일까? 우리는 종종 자연의 위대함 앞에는 그 어떤 경이로운 것도 있을 수 없다고 생각이 들 때가 있다.

솔직히 말한다면 자연 그 자체가 순수함이라 느끼기 때문이다. 뭐라 표현할 수 있을지 모르겠지만 난 어린 시절의 추억이 지금 나의 살아가는 삶에 많은 영향력을 주고 있음을 느낀다. 지금보다 훨씬 자연 속에 가깝게 살았고 자연에 파묻혀 살아왔기 때문이라고 말할 수 있다. 학교를 마치면 수영장이 따로 있는 것이 아니라 동네 앞 바닷가가 수영장이었고 그 바닷속에서 간식거리를 찾아 수영하다 허기진 배를 채우는 시절을 보냈다. 그 환경 속에서는 자연과 나의 인격이 하나였고 같음이었다.

지금의 현실을 무어라고 표현해야 할지 모르겠지만 과학과 문명이 만들어 낸 편리함이 점점 더 사람들을 자연과 멀어지게 만들었고 자연을 파손하는 지경에 이르렀기 때문에 시대의 흐름 속에서 우리는 순수성을 상실하고 살아가고 있다는 사실을 부인할 수 없을 것이다.

왜 생활은 부유해졌다고 말하는데 우리의 주변에는 불행의 요소가 더 많아졌다는 현실이 놀랍지 않은가?

자기발견의 기쁨

사람은 누구나 인생을 변화시키는 순간을 통해 성장한다. 반면에 우리는 누구나 자신의 솔직한 실체가 드러나는 것을 두려워하는 것인지도 모른다. 왜냐면 사람들은 자신의 진짜 모습을 좋아하지 않을 것이라고 생각하기 때문이다. 이것이 우리의 착각이지 않을까 생각한다. 나는 오래전에 어느 모임에 갔을 때 저녁을 먹고 한 동역자와 삶에 대한 이야기를 나눈 적이 있다. 지금도 잊히지 않는 기억으로 내게 남아 있는 것은 그날 밤의 우리 대화는 서로에게 너무나 진솔한 이야기를 나누었기 때문이었다. 물론 대화의 주제는 가족들과의 관계에서 일어나는 문제에 대하여 아내와 자녀와의 생활 속에 반응하고 있는 우리 자신의 성품과 행동과 반응들에 대해 미숙했던 점과 옳지 않았던 일들을 고집하며 지나온 자신의 부족함, 자신의 한계, 그 속에서 고민하는 생활 습관들을 아주 소소하게 나누었다. 당시 동역자도 나와 비슷한 삶을 경험하고 있는 현실의 문제를 함께 공감하며 밤이 늦은 시간까지 대화를 나눈 적이 있다. 물론 그 전에도 10년을 가까이한 공동체 안에서 함께 지내 왔었지만 피상적인 관계였지 자신의 마음을 열어 이런 구체적이고 진지한 대화를 한 번도 나눈 적이 없었기 때문이었다. 그 후 우리의 교제 속에는 이전과 다른 친밀감이 있었고 부담스럽지 않은 대화를 가볍게 나눌 수 있었다. 그리고 동역자는 타 지역으로 사역지를 옮겨 갔지만 종종 생각나는 친구였다. 당시에 느꼈던 감정으로는 과연 살아오면서 구체적으로 마음을 열어 대화를 나누는 사람이 몇이나 될까 하는 생각이 들기도 했었다. 그 시간의 일들로 생각했던 것을 두 가지로 정리할 수 있는 계기가 되었다. 하나는 나 자신이 먼저 벽을 허물고 자신의 부족함과 공감할 수 있는 연약함을 고백하는 것이었고 또 하나는 상대방의 그런 대화의 모습을 통해 진지함으로 들어주면서 함께 공감해 주는 것이야말로 상대에게뿐만 아니라 나 자신에게도 놀라운 자유와 평안함을 가져다준다는 사실이었다. 이로 인해 나 자신에 대해서도 수용과 있는 그대로를 받아들이는 기회가 되었다.

자신이 되기 위한 삶

여기서 말하고자 하는 자기 자신은 하나님이 만들어 놓은 그대로를 받아들이라는 것을 바탕으로 이해해야 할 것이다. 다시 말해 자기 자신이 된다는 것은 다른 사람을 지배하거나 다른 사람의 감정을 무시해 버리는 것을 말하는 것이 아니다. 이런 부분에 바른 이해가 없다면 자기 자신이 된다는 것을 착각하며 자기중심적인 사고에서 벗어나지 못하는 의식으로 엄청난 과오를 범하며 자신을 돌아볼 필요성도 느끼지 못한 채 살아가게 될 것이다. 이러한 일들은 우리 주변에서 쉽게 일어나고 있는 일들이기 때문이다. 자기 자신이란 자기중심적인 자기 자신이 아니라 하나님께서 이끄시는 삶을 올바르게 의식하는 자기 자신이 되어져야 한다는 사고에서 출발해야 할 것이다. 난 단지 이런 사람일 뿐이야, 단지 내 자신이 이렇다는 것을 말하는 것뿐이야, 나는 원래 그런 사람이야, 그걸 나보고 어쩌라고, 이런 반응을 나타내 보이면서 오히려 자신을 싫어하는 사람들을 향하여 불편한 감정을 드러내며 못마땅해하는 태도를 드러내는 경우를 주변에서 종종 보게 된다. 그러나 진정한 자기 자신이 된다는 것은 이와 정반대의 고백이다. 자기주장에 앞서 진정으로 자기 자신이 되면 다른 사람의 권리를 존중해야 한다.

1) 다른 사람과 비교하지 말아야 한다

대부분의 많은 사람들은 겉으로 표현을 하진 않지만 지금의 자신이 아닌 다른 사람처럼 되길 바라며 살고 싶어 한다. 다른 사람이 되기 위해 나름대로의 환상에 빠진다. 스타와 같은 인생처럼 자신을 스타와 동일시하는 현상을 일으키며 산다는 것이다. 이런 삶을 갈망하는 이유는 지금의 자신을 잃어버리고 스타가 만들어 놓은 삶을 동경하며 살아가고 싶은 것이다. 완전히 같은 입장에서 살 수는 없기에 나름대로의 모방을 통해 대리만족하며 실제 자기 자신의 삶은 잃어버리고 살아간다. 진정한 나를 찾아가는 삶을 찾기 위해서는 다른 사람과 비교하고 모방하려는 자신의 삶을 돌아보아야 한다. 주변에서 우리는 흔히 그런 사람들을 종종 볼 수 있다. 유명한 사람, 출세한 사람, 사람들에게 특별히 비쳐진 그 사람의 특유한 의상, 머리 스타일, 심지어 목소리 톤마저 훈련해 가며 동일한 수준에 이르도록 모방하는 모습을 보게 된다. 한동안 우리나라에서 누구나 알만한 목사님이 세운 학교에 다니는 학생들 중에는 그분의 흉내와 제스처, 행동, 목소리와 의상까지도 동일하게 입고 다니면서 흉내를 내는 것에 만족하며 살아가는 사람들도 많이 있었다. 분명히 알 것은 '나'라는 존재는 세상에서 '나' 하나뿐이라는 것을 잊지 말아야 한다. 나만이 세상에서 할 수 있는 것 나만이 보여 줄 수 있는 삶이 소중하기 때문이다. 다른 그 어떤 사람을 모방하는 것보다 있는 그 대로의 '나' 자신을 주변 사람들은 더 사랑으로 대해 줄 것이다.

2) 소중한 자기 자신을 축복

독일의 철학가인 쇼펜하우어는 인간은 다른 사람처럼 되고자 하기 때문에 자신이 가지고 있는 잠재력을 4분의 3을 상실한다고 말했다. 자기 자신을 있는 그대로 받아들이는 것은 과정의 일부분일 뿐이다. 누구나 자신을 소중한 축복의 존재로 인식하고 살아야 하고 실제 자기 자신을 축복해야 한다. 그렇지만 많은 사람들이 자신에 대한 축복보다는 자기 자신을 수치스러워하거나 감정이 위축된 가운데 살아가고 있다. 누가 뭐라고 말하지 않는데도 그런 감정에 길들여져 살아왔고 이와 더불어 자신감과 용기까지 상실하고 살아가고 있다. 축복된 삶을 살아야 할 자기 자신인데도 감정과 의식들이 축복의 기회를 상실하게 만들었고 자신 안에 발견되어야 할 축복의 잠재력까지 파괴시켜 왔던 것이다. 특히 신앙을 가진 사람의 경우에는 본인 스스로를 상실하기도 하지만 하나님이 그 영혼을 향해 주신 축복의 잠재력까지 상실하게 만든다. 다른 사람의 모방은 하나님이 나를 향해 계획하신 것과는 맞지도 않고 어울리지도 않는다. 우리는 우리 자신의 청사진을 받아들여야 한다.

저자의 지난 과거를 돌아보면 이런 환경 속에서 힘든 시간을 보낸 날들도 많았다. 그 시간들은 자신을 찾아가는 비명시적 시간의 때였고 어느 시점에 이르러서는 하나님의 일하심을 환경과 시간 속에 깨닫게 해 주셨다. 내가 무엇을 해야 되는지 그 일이 무슨 일인지를 알게 하시기 위해 긴 시간을 하나님께서는 훈련의 시간들을 인도해 주신 것이었다. 내가 살아가는 시간 속에서 내가 생각했던 일들이 아니라 하나님께서 내 시간 속에 들어오셔서 일하시고 계셨고 내 안에 있는 잠재력을 그분께서 발견하시고 나를 통해 그 일들을 이루실 것을 기대하며 인도해 가시고 계심을 알게 하는 시간들이었다. 어느 시점에 다다랐을 때 알게 된 사실은 이 시간들을 보내면서 하나님께서 나를 통해 할 수 있는 일들이 무엇인지, 나의 마음속에 이 시대의 흐름 속에 나타나고 있는 사회구조와 사람들의 문제 속에서 어떻게 해결해야 될지 안타까워하고 고민하고 있는 바를 아시고 사명감 가지고 감당해 나가도록 하나님의 주권과 계획 속에 이끄시고 계신 시간이었다. 이 일들을 겪은 후에 나타난 삶의 의식과 사역의 방향은 나 자신은 한없이 부족하고 연약한 모순투성이였지만 "나"라는 존재의 자존감을 갖게 하셨고 나의 인생으로서는 꿈꿀 수 없는 일들을 품게 하시며 지금도 이끌어 가고 계심을 느낀다.

3) 감정파괴에 빠지지 말라

사람은 누구나 살아가면서 실수도 한다. 나만 하는 것이 아니라 다른 사람도 동일한 실수를 하고 내가 한 실수보다 더 심각한 실수를 하는 사람도 많다. 그러나 그 실수로 인해 내 인생이 지나치게 망가지거나 파괴되지 않는다는 사실이다. 사람들은 자신의 삶에 대해 타인은 아무도 반응하지 않는데 자기 스스로가 감정에 빠져 시달리며 살아가는 것을 볼 수 있다. 어린 시절의 작은 사건 하나로 인해 스스로의 생각과 제한 속에 힘든 시간을 보내게 되었던 기억이 생각난다. 친구들과 남의 농장에 들어가 몰래 열매를 따먹다가 주인에게 발각된 적이 있다. 친구들과 나는 혼비백산이 되어 도망치다가 뒤를 돌아보니 주인이 우릴 때리기 위해 나뭇가지를 꺾다가 손을 다쳐 피가 흐르는 것을 보았다. 주인은 더 화가 났는지 피를 흘리며 우리를 쫓아오고 있었다. 그때의 나의 감정은 그야말로 인생이 끝나는 줄 알았다. 물론 어린 시절의 감정이니까 더 그랬겠지만 그날 저녁 나는 집에도 못 들어가고 이제 죽었구나 하는 생각에 시달리며 저녁도 먹지 못하고 추위에 떨었을 뿐만 아니라 밤늦게 몰래 들어와 잠을 자면서 악몽으로 시달렸던 기억이 난다. 별일 아닌데, 야단맞고 잘못했다고 빌면 끝인데 그때는 그 잘못한 일에 피 흘리는 그 장면까지 감정에 쓰나미로 몰려와 나의 존재가 두려움의 감정으로 허물어져 가고 있었던 것이었다. 어린 시절 이 사건처럼 우리는 살아가면서 있을 수 있는 일들을 겪고 산다. 문제는 내가 당한 일보다 감정의 요동함이 나를 더 암울하게 만들었고 감정의 포로가 되어 버렸던 것이다. 자신을 너무 심각하게 생각하지 않으면 자신을 보고 웃을 수 있는 여유도 생긴다. 자신의 결점과 실수를 보고 웃을 수 있으면 솔직해질 수 있고 자신에게 관대해질 수 있다. 세상이 끝났구나 생각하고 살아가면 새로운 것을 해 나가는데 걸림돌이 될 수 있지만 실패를 통해 웃을 수 있는 사람은 실패를 통해 더 많을 것을 배울 수 있는 기회가 되기 때문이다. 우리가 주의를 기울여야 할 것은 자신의 실수를 다른 사람의 탓으로 돌리지 않고 자신의 실수를 기꺼이 인정한다면 우리의 내면은 더욱 편안해지고 건강해질 것이다.

4) 자기 자신을 좋아하는 삶에 빠져라

자기 자신을 좋아한다는 것은 무슨 뜻일까? 자신을 좋아한다는 것은 자신을 더 이상 미워하지 않는다는 것이다. 자신을 미워하는 것은 자신의 어깨 위에 있지도 않는 무거운 돌덩이가 있다고 낑낑대는 생각에 사로잡힌 사람과 같을 것이다. 이런 경우 자신이 잘못을 저지를 때마다 무거운 돌덩이 또 올리고 낑낑대며 땀까지 뻘뻘 흘릴 것이다. 이런 생각의 지배와 의식은 사람을 점점 더 무력한 사람으로 길들여져 가게 한다. 우리 자신이 스스로를 받아들이지 않고 거부하며 사는 것의 이면에는 잘못된 기독교의 가르침 때문에 그럴 수 있다는 생각도 해 보게 된다. 수세기를 거쳐 오면서 기독교 문화는 사람들에게 잘못된 겸손과 온전하지도 않은 정의를 강조해 왔다. 종교의 바른 이해 없이 신앙의 의식과 의무를 지나치게 강조함으로 자책감에 빠지게 만들어 버린 경우이다. 참된 진리 안에서 자유함을 누려야 할 것을 일깨워 주지 못하므로 오히려 종교가 개인의 삶을 속박시켜 버렸고 하나님과의 관계회복을 통해 하나님이 나를 좋아하시듯 나 스스로 나를 좋아하는 기쁨의 삶을 상실케 만든 요인으로도 작용했음을 부인할 수 없을 것이다. 이것은 마치 자녀가 부모 앞에서 부모를 즐겁게 하기 위해서가 아니라 그냥 자신이 즐거워서 좋아하는 삶을 표정으로 행동으로 나타낼 때 그 모습을 보는 부모의 마음, 감정 또한 한없이 기쁠 것이고 행복함으로 바라볼 것이다. 자녀 자신이 좋아서 살아가는 삶의 모습은 부모의 감정에 있는 그대로의 기쁨으로 전달되기 때문이다. 누구를 기쁘게 하기 위한 삶이 아니라 그냥 자신의 삶의 가치와 소중함을 마음에 품고 즐겁게 살아가는 것처럼 행복한 삶이 어디 있겠는가? 이것을 보는 하나님 또한 어찌 기뻐하지 않을 것이며 이런 모습이 삶에 나타나는 참된 예배이고 진정한 예배가 아닐까 싶다. 자신만의 도취된 만족과 기쁨이 아니라 그분이 주신 진리 안에서의 행복은 자기 자신을 사랑하지 않을 수 없기 때문이다.

자신을 살피는 행복

SNS의 대중화로 여행객들이 많이 늘어나고 있다. 특히 그중에서도 자신의 여행 기록을 영상에 담아 전하는 유튜브 여행객들이 전하는 말이 있다. 생소한 나라를 방문할 때 꼭 갖추어야 할 기본자세는 밝은 미소와 따뜻한 마음과 긴장하지 않는 자세라고 말한다. 지나친 경계와 긴장감은 오히려 상대에게 적대감을 불러일으킬 수도 있기 때문에 가장 귀한 주무기가 밝은 미소와 따뜻한 마음이라고 한다. 미소는 긍정적인 감정을 전달하는 데 큰 역할을 하고, 미소를 짓는 사람을 보면 나도 모르게 웃음이 나오고 기분이 좋아진다. 또 미소는 서로간의 소통을 원활하게 해 주고, 긍정적인 분위기를 조성하는 데에도 큰 도움을 준다. 깊은 오지에서 생애에 첫 만나는 여행자와 현지인이 짧은 순간에 서로의 긴장감을 풀고 친밀감을 가질 수 있는 유일한 매개체가 밝은 미소보다 더 소중한 것은 없다는 것이다. 뭔가 거창한 일을 하고 뭔가를 주고받아야 친밀함이 생기는 것이 아니라 밝은 미소를 짓는 것과 먼저 인사를 건네는 것으로도 충분히 상대를 향한 존중과 감사를 표현할 수 있는 것이다. 언제부터인지 우리 사회의 분위기는 서로에 대한 경계와 불신과 경쟁의 삶을 살아가고 있는 것이 현실이다. 그래서인지 우리는 이전보다 더 많은 스트레스를 받으며 살아가고 있다. 아침 출근시간 엘리베이

터를 타고 오르내리면서도 인사 없이 지내야 하는 어색함은 서로에게 무언의 메시지를 주는 것이 아닌가를 돌아보게 한다.

아무리 경쟁 사회이고 자본주의 사회라고 하지만 중요한 것은 인간의 삶이고 서로의 삶이고 우리가 만들어가야 하는 행복의 삶이기 때문에 더 그렇다. 이러한 현실에 대한 책임은 나 자신으로부터 시작되어야 한다. 아프리카 속담에 "빨리 가려면 혼자 가고, 끝까지 가려면 함께 가라"는 속담처럼 우리는 지금 너무 소중한 것과 많은 것을 잃어버리고 살면서 행복 아닌 행복의 망상을 꿈꾸며 살아가는 것 같아 안타까움이 크다. 내가 만들어 내는 작은 삶 하나로 인해 주변에 행복의 씨앗을 심겨지는 것이다. 작은 것 같지만 언젠가는 이런 날도 오는구나 하는 행복을 함께 나누고 누리는 삶은 나로부터 시작되어야 한다. 이것이 인생이고 삶이다.

내가 싫어하는 내 모습의 사례

인문학의 발달과 더불어 인간관계의 문제를 극복하고 건강한 자기 자신을 찾기 위한 방법들이 주변에서 다양한 모습으로 알려지고 있다. 이유는 도대체 내가 누구인지 진정한 나는 어떤 성향의 사람인지를 알고 싶어 정보를 수집하는 사람도 많다. 일반적으로 많이 알려진 MBTI나 애니어그램, 기질검사 등 다양한 방법으로 자신을 알기 위해 많은 노력들을 기울이고 있다. 그러나 성격유형검사 혹은 성격테스트 등 설문지를 통해 바르게 자신을 찾는 법을 알지 못하면 심리검사나 성격 질문지를 통해 자기 자신을 또 하나의 다른 자기 모습으로 착각하고 그런 형태에 자신을 만들어 내는 오류를 범할 수 있다는 사실을 알고 이런 방법을 시도해야 할 것이다. 다시 말해 심리검사, 성격유형검사들은 나 자신이 어떤 성향으로 나타나고 있고 어떤 부분에 집착하고 있는가를 찾아보면서 왜 이런 성향이 만들어진 지금의 나의 모습인지, 무엇 때문에 나는 이런 부분에 집착하고 살아가고 있는지를 발견하고 근본적인 뿌리를 찾아내어 건강한 자기 자신을 발견하는 과정으로 나아가야 한다. 이 과정을 거치지 않는다면 앞서 말한 바와 같이 우리는 검사지를 통해 만들어 내는 또 다른 자기를 보게 될 것이다.

아래의 사례는 진정한 자기발견과 더불어 자신을 찾기 위한 자기치유의 과정을 통해 살아오면서 생활 속에서 나타나고 있는 내가 싫은 내 모습의 여러 형태들을 찾아보면서 왜 나는 이런 삶을 살아오게 되었는지 또 왜 그렇게 살 수밖에 없었는지를 통해 건강한 자기 자신을 찾아가는 사례이다.

완고한 중년 부인의 자기고백 (47세)

- 비웃는 모습
- 끝맺음 부족
- 성장이 멈춰 있음(성인아이)
- 지나친 정직성
- 미루는 일
- 타인에 관심 없음
- 사람 깔보는 모습

- 자신감 없음
- 겉 다르고 속 다른 모습
- 음란성
- 게으름
- 나태함
- 사람을 잘 못 사귐
- 사람을 무시함

- 돌아서서 흉봄
- 분노, 혈기
- 외골수적 성격
- 생각이 많음(생활, 근심)
- 억울함
- 굽신 대지 못함
- 자신은 안하고 남을 시킴
- 우유부단
- 열등의식(환경, 배움)
- 성질 급하고 물불 안 가림
- 감정을 정직하지 못하고 속임
- 도도함
- 사람을 오래 못 사귐(이성)
- 인정욕구 강함
- 회의감, 좌절감

- 냉정하고 차가움
- 지나치게 정에 매임
- 고집이 강함
- 불안 심리
- 욕구 불만 강함
- 공격적 성격
- 내가 하는 것만 옳음
- 시기, 질투
- 내 요구에 따르길 강요
- 쉽게 후회함
- 사람관계 깨어질까 두려움
- 편협적 사고
- 부정적 사고
- 자기 틀이 강함

40대 중년 여성의 자기고백
- 주눅 듦
- 참아 넘기는 것
- 나 하나 참으면 됨
- 혼자 다 감당함
- 해야 될 말 못 함
- 사람을 만나고 싶지 않음

- 쫓기는 삶
- 애교가 없음
- 냉정하고 차가움
- 분노, 혈기(자신에게)
- 자기 틀 강함
- 지속적인 관계미숙

- 내 모습을 감추고 싶음
- 방어기제하며 삶
- 드러내려 함
- 가식적인 모습
- 싫은 것 싫단 소리 못 함
- 거절하지 못함
- 자기과시(우월의식)
- 자기 없는 삶
- 자기 자신에 대한 속상함
- 완벽주의
- 싫은 소리 듣기 싫어함
- 지나친 걱정
- 끈기 부족
- 체면의식
- 여유가 없음
- 마음의 안정이 없음

- 자존심 강함
- 굽신 대지 못함
- 빈말, 아부 못 함
- 내가 하는 것만 옳음(정죄)
- 두려움
- 무시당한다 생각
- 자기감정 솔직히표현못 함
- 미루는 습관
- 차별의식(외모)
- 자기주관이 분명치 못함
- 억울함
- 무능력
- 낮은 자존감
- 내가 너무 복잡함
- 미래에 대한 불안
- 대화방법의 미숙(공격적)

50세 미혼의 해외 선교사 자기고백
- 사람과 관계 미숙
- 부정적 모습 속 미움, 판단
- 시기
- 나를 싫어한단 생각(스스로)
- 기다리지 못함

- 자기주장이 강함
- 조종하려 함
- 직설적인 말
- 단순한 논리, 근시안적
- 무뚝뚝, 무표정한 얼굴

- 혈기, 분노
- 욱하는 성질
- 했던 소리 또 하면 화남
- 무시당한다 생각
- 외모콤플렉스
- 마음을 쉽게 못 엶
- 관계를 독점하고 싶다
- 감정표현 못 함
- 참는 편에 익숙
- 말 안 통하면 묵인하고 참음
- 자기주장 못 함
- 부정적
- 옳고 그름 따짐
- 흑백논리
- 용기, 자신감 없음
- 해야 될 말 못 함
- 자기이익만 추구

- 원칙주의사고
- 일 중심적
- 여유 없는 삶, 쫓기는 삶
- 불안함
- 할 말 못하고 뒤에서 흉봄
- 내 생각이 옳음
- 열등감
- 불안전한 모습
- 굽신 대지 못함
- 내가 원하는 것 집착
- 수치심
- 자신 있게 나서지 못함
- 인색한 삶
- 자유하지 못한 삶
- 자기사랑을 못 함
- 교만, 우월의식
- 내 뜻대로 통제하려 함

30대 초반의 미혼 형제 자기고백
- 무시당한다 생각
- 나를 해할지 모른다는 생각
- 상대에 대한 경계심과 불신
- 우유부단

- 남의 말에 쉽게 영향 받음
- 쉽게 결단하지 못함
- 불필요한 생각이 많음
- 타인과 친밀한 관계 못 함

- 권위자에게 자기주장 못 함
- 생각의 틀에 갇힘
- 지나친 소심함, 두려움
- 자기감정을 못 느낌
- 스스로 생각, 감정차단
- 불안심리
- 삶을 빼앗김
- 사랑받지 못함
- 부정적 시각
- 지나친 남 의식
- 연약함
- 답답함
- 잘 보이려고 애씀
- 낮은 자존감
- 상대에 대한 부정적 선입견
- 불신, 의심으로 인한 좌절감
- 외로움, 성적 몰입

- 이유 없는 수치심
- 거짓말
- 피해의식, 피해망상
- 본인 스스로의 존재 의심
- 율법적인 사고, 정죄의식
- 옳고 그름의 인식 결여
- 하나님을 신뢰치 못함
- 열등감, 질투
- 울지 못함
- 당당하지 못함
- 완벽주의
- 마음을 쉽게 못 엶
- 가식적 행동
- 쉽게 삐지고 오해
- 자기 연민 잘 빠짐
- 자기 학대, 죄책감
- 게으름

활동적 성향을 가진 내담자의 자기고백
- 이익 중심의 삶
- 인간관계 잘 못 함
- 다가옴의 두려움
- 강한 자신

- 내 주장이 강함
- 혈기, 분노
- 충동구매
- 지기 싫어함

- 포장하는 이중인격
- 인정에 약함
- 지속적이지 못함
- 끝맺음 좋지 못함
- 즉흥적으로 처리함
- 충동적 생각이 강함
- 정직한 표현 못 함
- 우유부단
- 회의감
- 분주한 움직임
- 여유 없는 삶
- 지나친 책임감
- 애교가 없음
- 거절 못 함

- 낮은 자존감
- 쉽게 나서지 못함
- 두려움
- 인정욕구가 강함
- 열등의식
- 욕구 불만
- 거짓말(즉흥적)
- 끊고 맺음 못 함
- 미혹을 받음
- 일중독
- 타인을 의식
- 대화 방법부족
- 시기, 질투
- 내가 없는 삶

자신을 사랑하는 행복

자신을 진심으로 사랑하기 위해서는 자기 자신답게 살아오지 못한 모습이 치유의 과정을 통해 구체적으로 직면될 때 여기서부터 진정한 자신을 발견하게 된다. 자신을 바르게 알지 못하므로 자신을 사랑하는 삶을 살지 못한 무너진 자기 모습을 애통한 마음으로 보게 되면서부터 새롭게 자신을 사랑하며 살아야겠다는 사고의 변화가 일어난다. 이 과정을 경험하기 전까지는 실제 자기 자신이 어떠한 삶을 살아가고 있는지 알 수가 없다. 이로 인해 자존감이 낮거나 어떤 경우는 지나치게 우월의식에 가려져서 방어적 자세를 취하고 살게도 한다. 자신에 대한 자존감이 낮은 사람일수록 상처를 쉽게 받을 수 있기 때문에 상처를 더 이상 받지 않기 위해서라도 자기 자신을 사랑하고 존중하는 삶이 필요하다. 내가 나를 사랑하지 않는다면 누가 나를 사랑해 줄 수 있겠는가? 나를 가장 사랑해 주어야 할 사람은 그 누구도 아닌 나 자신이다. 주변을 살펴보면 많은 사람들이 자신 스스로를 단죄하며 실패한 인생으로 간주해 버리는 사람들도 많다. 그러나 자신 스스로를 존중하고 사랑할 줄 아는 사람은 섬세하게 자신을 돌아보고 자신의 내면세계와 교감하며 산다. 주변 환경에 의해 지배당하지 않고 지나친 죄의식이나 자기합리화나 자기변명에 지우치지 않는다. 뿐만 아니라 다른 사람을 통해 비판을 받는다 할지라도 자기 존재에 대한 신뢰와 믿음을 가지고 있기에 지나치게 요동되지 않고 해결해 간다. 자신을 사랑하는 사람이라면 분별없이 감정이 요구하는 대로 살아가진 않을 것이다. 자기 자신에 대한 인식, 자신을 돌아보는 마음, 스스로에 대한 존중, 그리고 자신의 삶에 대한 책임감이다. 좀 더 구체적으로 표현한다면 전인격적인 자기 관리를 할 때 진정한 자기 사랑의 가치를 느끼게 된다.

헤브론을 향하여 가는 길...

2부

서로를 보면서 가는 길

진정한 대화 해 보신 적 있습니까?

진정한 대화를 원하십니까?

세상에는 소통이 잘 안돼서 힘들어하는 사람이 우리 주위에 많이 있다. 서로 대화가 되질 않아 속앓이를 하는 사람이 의외로 많다. 그 이유는 대부분 대화의 기술이 부족하기 때문이다. 우리는 보통 상대방이 무슨 말을 하기도 전에 멋대로 판단하고 무시해 버리거나, 일방적으로 자기 말만 해 버리고 상대방의 말에는 진지하게 귀를 기울이지 않는 경우가 대부분이기 때문이다.

대화가 잘되려면 먼저 상대방의 말을 충분히 듣고 이해할 수 있어야 한다. 어떤 선입견도 갖지 말고 일단 들어주는 것이 중요하다. 당신과 의견이 다르더라도 일방적으로 상대방의 말을 자르거나 윽박지르지 말고, 인내심을 가지고 진지하게 끝까지 들어주는 것이다. 그다음에 차분하게 당신이 하고 싶은 말을 해도 늦지 않다. 당신이 상대방의 말을 진지하게 들어줄 때 상대방도 당신의 말을 진지하게 경청하면서 대화가 풀려나가게 된다. 그렇게 대화를 하다 보면 서로 이해 못할 문제나 풀리지 않는 문제는 그리 많지 않을 것이다.

대화 속에 기쁨

　타인과 관계를 맺는 가장 쉽고 단순한 방법은 '대화'이다. 대화로 관계 맺는 게 쉬운 만큼 많은 사람들이 대화 도중 실수를 해 관계를 깨트리기도 한다. '세 치 혀가 사람 잡는다'는 말이 있다. 세 치밖에 안 되는 짧은 혀라도 잘못 놀리면 사람을 죽이는 힘을 갖는다는 뜻인데 그만큼 평소에 우리가 내뱉는 말에는 사람을 살리기도, 죽이기도 하는 엄청난 영향력이 있다. 그렇다면 인간관계를 해치지 않으면서 타인의 호감을 살 수 있는 대화 방법은 무엇일까? 대화는 우리가 누군가와 소통하고, 관계를 형성하고, 서로를 이해하게 되는 과정이다. 하지만, 때로는 이 과정이 복잡하고 어렵게 느껴질 수도 있다. 대화는 양방향의 과정이라는 것을 이해하는 것이다. 대화는 단순히 자신의 생각을 말하는 것만을 의미하지 않는다. 상대방의 말을 듣고, 그것을 이해하고, 그에 대해 반응하는 것 역시 대화의 중요한 부분이다. 이를 통해 우리는 서로의 생각과 감정을 나누고, 서로를 더 잘 이해하게 된다. 그리고 상대방의 말을 진심으로 들어주는 것이다. 이는 상대방의 말에 집중하고, 그것을 이해하려는 노력을 의미한다. 우리는 자신의 생각이나 판단을 잠시 미루고, 상대방의 말을 먼저 듣는 자세를 가져야 한다. 예를 들어, 친구가 어려움을 겪고 있다면, 우리는 먼저 그의 이야기를 듣고, 그가 무엇을 느끼고 있는지 이해하려고 노력해야 한다. 우리는 '나는 당신이 어떻게 느끼며 이해하고 있는지 또 그것이 어려울 수 있음을 알고 있어'와 같은 공감의 말을 사용할 수 있어야 한다. 자신의 생각과 감정을 솔직하게 표현하는 것이다. 상대방의 감정을 존중하는 방식으로 표현하는 것을 의미한다. 예를 들어, '나는 이 일에 대하여 이렇게 느끼고 있어. 그런데 당신은 어떻게 생각해?'와 같은 방식으로 자신의 생각과 감정을 표현할 수 있다. 대화의 원칙들을 실제로 적용하는 것은 쉽지 않을 수 있다. 때로는 자신의 생각과 감정을 표현하는 것이 어렵게 느껴질 수 있고, 상대방의 말을 이해하거나 공감하는 것이 힘들 수도 있다. 하지만 이런 어려움을 극복하려는 노력은 대화를 더욱 의미 있게 만들어 준다. 대화는 서로의 인간다움을 표현하는 중요한 도구이며, 그것은 우리가 서로를 이해하고, 서로에게 배우고, 서로를 존중하는 방법을 제공하기도 한다. 이를 통해 우리는 서로의 관계를 더욱 깊고, 풍요롭게 만들 수 있기 때문이다. 대화의 기술을 배우는 것은 쉽지 않지만, 그것은 우리의 삶을 더욱 풍요롭고, 의미 있게 만드는 중요한 과정이다.

수다 떨지 말고 대화하라

진짜 대화를 해야 한다. 왜냐하면 대화의 필수 요소인 '상대와 나' 두 사람 모두 존재하기 때문이다. 상대의 이야기를 듣고, 상대와 이야기하기 때문이다 대부분의 잘못된 대화방식에는 '나'만 존재하고 상대방은 없었다. 올바른 대화란, 두 개의 극성이 서로 어우러지면 실시간으로 자기장을 주고받으며 새로운 하나의 자기장을 형성하는 것과 같다. 그런데 하나의 극성만 힘을 쓰게 된다면 그건 그냥 하나의 극성의 '자기 수다'이지 대화가 아니다. 대화를 한다면 두 극성이 모두 살아야 한다. 그래서 멋진 새로운 하나가 만들어지는 것이다. 상대에 대해 이야기하고, 상대의 이야기에 대해 반응하기 위해서는 '잘 들어야' 한다. 그리고 '잘 느껴야' 한다. 상대의 살아 있는 생생한 느낌을 느껴야 한다. 대화 속엔 함께 나누는 대화의 목적을 실현하는 것이다. 그게 바로 '상대'이다. 대화의 목적은 상대이다. 서로의 상대인 것이다. 그러므로 '나'도 있다. '나' 또한 대화의 목적에 포함된다. 둘 모두 대화의 목적이 되어야 한다. 결과적으론 '나와 상대 둘 모두 대화의 목적'이지만 그러나 각자가 상대를 좀 더 목적으로 대해 줄 때 혼자서만 수다 떠는 것보다 서로의 신뢰를 깊이 쌓아 갈 수 있다. 물론 우리의 일상에는 수다도 필요하다. 그렇지만 대화의 의미 없이 수다로 끝나 버린다면 그야말로 수다쟁이가 되고 말 것이다.

대화는 신뢰와 존중으로

사실 대화는 하나의 기적이다. 둘 이상의 개체가 제대로 된 대화를 할 때 일어나는 일들은 기적 그 자체이다. 인간은 대화를 통해 동물들이 이루지 못하는 많은 것을 이룬다. 어쩌면 우린 대화가 너무 익숙하다 보니 마치 공기와 물처럼 그 귀중함과 특별함을 잘 인식하지 못하고 있는 것이다. 그런데 '대화의 기적성'을 매번 새롭게 인식하면 할수록 지금까지 별것 아니라 여겨 왔던 대화의 본래 모습과 소중함을 인식하게 될 것이다. 대화는 또한 기회와 가능성이다. 대화가 없었을 때와 비교해서 많은 기회와 가능성을 만들어 낸다. 물론 여기서 말하는 것은 '상대가 있는 대화, 서로 상대가 목적인 대화'이다. 남이었던 서로를 우리로 연결시켜 준다. 개인 간의, 집단 간의 오해와 갈등을 푼다. 서로 우호감을 가지게 해 준다. 우정과 사랑을 나누게 해 준다. 이런 기준을 가지고 대화의 채널을 이어가려면 첫째로, 상대방의 의견을 소중히 듣는 태도가 존중이다. 대화는 서로의 의견을 나누고 이해하는 과정이다. 상대방의 의견을 경청하고 존중하는 것은 상호간의 신뢰를 형성하는 데 중요한 역할을 한다. 의견이 다르더라도 상대방의 의견을 존중하고 이해하려는 자세를 갖는 것은 대화의 질을 높이는 데 도움이 된다.

둘째로, 공격적인 언어나 비판적인 표현은 필터링을 해서 표현해야 한다. 대화에서 공격적인 언어나 필터링 없이 감정 섞인 비판적 표현은 상대방을 불편하게 만들 뿐만 아니라 대화하고자 하는 마음을 닫게 만들기도 하고 대화의 흐름을 방해할 수도 있다. 대신에 상대방의 의견을 이해하고 긍정적인 피드백을 주는 것이 오히려 좋다. 상대방을 격려하고 지지하는 자세를 가지고 대하는 것은 건강한 대화를 이어가는 활력소가 될 것이다.

셋째로, 감정적인 표현을 조절해야 한다. 대화는 때로 감정적인 충돌을 초래할 수 있다. 이러한 상황에서는 감정을 조절하고 상대방의 감정을 고려하는 것이 중요하다. 감정적인 표현을 조절하고 상대방의 감정을 이해하려는 자세를 갖는 것은 대화의 원활한 진행을 도와준다. 서로에 대한 건강한 대화를 원한다면 자신의 감정을 조절하여 표현하는 태도 역시 좋은 대화를 이끌어 갈 수 있게 한다.

넷째로, 서로 다를지라도 상대방의 경험과 배경을 고려해야 한다. 우리가 흔히 대화를 통해 실수하는 가장 아픈 경험은 상대방에 대한 다양한 경험과 배경을 공유하고 이해하지 못한 가운데 스스로의 판단과 생각으로 자신의 주장만을 펼쳐내는 과오를 범하는 일이 종종 발생하기 때문이다. 상대방의 경험과 배경을 이해하고 대화를 이어갈 때 오해를 줄이고 사실적인 표현들을 더 건강하게 나눌 수 있다. 이런 관계 속에서 대화를 이어간다면 서로에게 더 유익하고 깊이 알아가는 신뢰의 관계로 회복되어 갈 것이다.

마지막으로, 표현하는 상대의 마음을 읽어 주고 주의 깊게 관찰해야한다. 대화는 언어뿐만 아니라 감정 섞인 손짓, 표정들을 통해 이루어진다. 상대방의 표정, 몸짓, 목소리 톤 등을 주의 깊게 관찰하고 이를 이해하는 것은 대화의 품격을 높이는데 도움이 된다. 이러한 행동적인 표현에 좀 더 관심을 가지고 주의 깊게 관찰하고 대화를 이어간다면 상대방이 가지고 있는 생각이나 감정, 사고 등을 더 구체적으로 이해함으로써 피상적인 대화를 넘어 더 진솔한 대화를 이끌어 내기도 한다.

대화 스타일

나이 든 사람을 보면 그 사람이 살아온 인생이 보이고 그 나이 든 사람과 대화를 하면 그 사람의 인격이 보인다는 말이 있다. 틀린 말은 아닌 것 같다. 나이가 어느 정도 들어 상대를 대하다 보면 상대방의 성격을 대충은 가늠하게 되기도 한다. 말 한마디로 천 냥 빚을 갚는다는 말이 있을 정도로 말은 중요한 역할을 한다. 말을 할 때 조리 있게 말을 잘하는 사람을 보면 속마음은 부럽게 느껴진다. 이 사람은 어떻게 말을 귀에 속속 들어오게 잘할까? 이 사람이 말하는 단어 하나하나가 나의 마음을 자극할까? 같은 말인데도 그냥 특별한 말도 아닌데 호감형으로 보이는 차이 있는 말투를 가진 사람들과 대화하다 보면 기분이 좋아진다. 마음은 나도 저렇게 말해야지 하는데 실상은 버벅거리고 어떤 때는 사설이 길고 감정이 행동에 그대로 나타나고 때로는 감정이 태도가 되어 나도 모르게 말투에서 이미 내 기분은 이렇다라고 내뱉고 있는 자신의 말투를 정말 고치고 싶은데 습관이 되어 버린 상태로 살아가는 자신의 모습 때문에 스스로 속상해하면서 후회한 적이 한두 번이 아니다. 대화를 통해 잘 듣고 공감하고 말하고자 하는 의사를 잘 전달하면 좋을 텐데 말을 하다 보면 엉뚱한 방향으로 빠지고 그러다 보면 무의식중 '어? 이게 아닌데? 내가 지금 무슨 말을 하고 있지?' 종종 어처구니없을 때도 있다. 우리는 평화롭게 살기 위해 감정과 욕구를 어느 정도 숨기며 살고 있다. 감정과 욕구를 참지 않고 마음 가는대로 행동하면 주변에 아무도 없게 된다. 감정을 드러내지 않는 것은 조화로운 삶을 위한 배려일 것이다.

대화를 통한 자존감 회복

사람의 성향에 따라 관계를 형성해 가는 방법이 다르듯이 대화를 이어 가는 방법도 사람의 성향에 따라 영향을 미치게 된다. 예를 들어 외향적인 사람일수록 사람과 소통하며 만남을 통해 에너지를 얻기 때문에 사람과 가까워지고 싶은 욕구들이 강하다. 이에 반해 내향적인 사람은 혼자 있는 시간에 에너지를 얻고 사람들과 소통하고 관계 맺는 일이 쉽지 않기 때문에 사람과의 만남을 위한 노력이 필요하다. 사람과의 만남에 우리는 대부분 첫인상을 중요하게 여긴다. 그 첫인상을 좋게 만드는 방법은 친절하게 대하는 것이다. 상대방과의 만남 속에 따뜻한 말과 눈빛으로 상대를 대하는 것이 중요하다. 그리고 상대가 사용하는 대화의 소통방식을 고려하여 존중해 주며 상대방의 관심사에 집중하는 것도 서로의 마음을 열 수 있는 중요한 열쇠가 된다. 건강한 자존감을 가지게 되면 타인의 가치를 인정하고 존중할 줄 알며 건강한 관계를 형성해 간다. 반대로 자존감이 낮은 사람일수록 조직에 대한 불신이나 타인에 대하여 불만이 많다. 자존감이 높을수록 환경과 조직을 긍정적으로 보게 되며 스스로 안정감을 가지게 되고 사람들에게 좋은 인상을 주게 된다. 이로 인해 타인과의 건강한 관계를 유지해 간다. 자존감이 높은 사람일수록 사람의 단점보다는 장점에 집중한다. 남이 발견하지 못하는 상대의 장점을 발견하는 것도 쉽지 않는 능력이다. 관계는 결국 본인의 마음 안에서부터 시작된다.

표현의 능력

자신의 표현은 간단하게 하는 것이 좋다. 우리 인간은 말하는 법을 배우는 데 3년이 걸리지만 입을 다무는 법을 배우는 데는 30년이 걸린 다고 한다. 말하는 것보다 상대의 이야기를 듣는 것이 그만큼 중요하다는 것이다. 상대방의 감정을 배려하고 상대의 입장을 생각하여 문제를 바라볼 수 있어야 상대방의 의사를 정확하게 이해할 수 있다. 내가 먼저 상대를 이해하고 배려한다면 상대방 역시 내말을 경청해 줄 것이기 때문이다. 우리는 종종 상대방의 감정을 폭발하게 만들기도 하고 때로는 대화를 싸움으로 변질시키는 일도 발생시킨다. 이런 경우 대부분은 서로의 대화 중에 들었던 말들이 자신에게 마음의 상처로 남아 있기 때문이다. 이런 상처를 대화 중에 자극하게 되면 무서운 감정폭발로 이어질 수 있기에 상대에게 이해를 바라거나 원하는 점을 대화할 때 타인의 감정을 폭발시키는 표현보다는 자신이 표현하는 말의 내용에 힘을 실어야 한다. 그리고 자신의 표현에 공격성을 없애고 상대에게 감정의 공감을 받을 수 있도록 자신의 원하는 바를 명확하게 표현해야 건강한 대화로 이어질 것이다.

'말' 잘하는 것, '대화' 못하는 것

당신이 생각하는 '말을 잘하는 사람'은 어떤 사람인가? 내 기준에서 말을 잘하는 사람은 '눈에 보이지 않는 것을 상대방이 잘 이해할 수 있도록 말할 수 있는 사람'이다. 지금까지 대화를 나눠 본 수많은 사람들 중에서 이 부류에 속한 사람들의 수는 의외로 아주 적었다. '말을 잘하는 사람'과 '그렇지 않은 사람'의 차이는 말을 잘하는 사람들은 시간이 지나 감정이 정리되었을 때, 자신이 '왜' 그런 감정을 느꼈는지 돌아보는 시간을 갖는다. 그 상황에서 내가 느꼈던 감정에 대해, 그럴만한 타당한 이유가 있었는지를 생각해 보는 것이다. 화를 냈다면 정말 화를 낼 만한 상황이었는지, 슬펐다면 그 상황이 왜 슬프게 느껴졌는지에 대해 말이다. 더 나아가 자신에게 특정한 감정을 느끼게 하는 말이나 상황을 인지하면서 살아간다.

'말을 잘하는 사람'들은 '자신의 감정을 되돌아보는 시간'을 보다 많이 갖는 사람들인 것이다. 자신의 감정을 되돌아보라는 건, 자신의 감정만을 우선시하라는 말이 아니다. 내 입장과 상대방의 입장을 모두 고려해서 전체적인 상황을 객관적으로 바라보는 것이다. 사실 어느 정도의 자기합리화는 존재할 수밖에 없다. 그렇지만 이 과정에 익숙해지면 '내가 당연히 화낼 수밖에 없지'가 아니라 '나도 화났지만 상대방도 내게 화낼 만했군'이라는 인식을 할 수 있게 된다. 내 감정뿐만 아니라 상대방의 감정 또한 소중하게 생각할 줄 아는 것. 이런 생각은 말을 잘하는 것에도 큰 영향을 미친다. 아무리 논리적으로 말을 잘한다고 한들, 들어줄 사람이 없다면 그건 무용지물이다. 결국 말이란 혼자 하는 것이 아니다. 나와 상대방의 커뮤니케이션이다. 그렇기 때문에 '내 말이 논리적으로 옳으니 너도 이렇게 해야 돼'라고 상대에게 말해 봤자 전혀 쓸모없는 것이다. 중요한 건 상대방의 말에도 일리가 있다는 걸 인정하는 태도이다. 즉, '내 말은 맞고 네 말은 틀렸어'가 아니라 '내 말도 일리가 있고, 네 말도 일리가 있지만 지금 상황에선 이렇게 하는 게 우리 모두에게 좋을 것 같아'가 상대방이 더 쉽게 받아들일 수 있는 것이다. 결국 '말을 잘하는 것'과 '대화를 잘하는 것'은 다르다. 아무리 옳고 효율적인 의견도 다른 사람들의 의견을 무시하는 투로 말을 한다면, 사람들은 그 사람과 말을 섞고 싶어 하지 않을 것이다. 그러니 기억하라. 눈에 보이는 것이 모든 것을 의미하진 않는다. 때로는 눈에 보이지 않는 것이 더욱 중요할 때도 있다. 당신이 말을 잘하는 사람이 아닌, 대화를 잘하는 사람이 되는 것이 주변 사람들이 원하는 것일 것이다.

소통과 불통

소통, 불통, 그리고 고통

전기가 전선을 통해 전류가 흐르지 않으면 전기불이 들어오지 않는다. 간혹 어떤 사정에 의해 정전 사태가 발생하게 되면 주변 모든 것이 올스톱됨으로 인해 일상에 많은 어려움을 가져다준다. 2018년 11월에 발생한 KT 아현지사 건물의 지하 통신구에서 화재가 발생하여 일대 KT망을 사용하는 기기들의 유·무선 통신 장애가 발생한 사고는 TV. 인터넷, 이동전화, 요금계산기 등 수많은 사람들이 혼란을 겪었던 사건으로 기억된다. 모든 것이 완전 불통된 상태였기 때문이다. 요즘 사람들이 가장 신경 쓰는 게 스마트폰이 아닐까 생각된다. 스마트폰이 방전이 되어 버리도록 방치하는 사람은 없을 것이다. 방치되면 그야말로 무용지물이기 때문이다. 그래서 불안해하기도 하고, 답답해서 급속 충전기를 이용하는 사람들도 있다. 왜 그럴까? 자신과 관계 되어 있는 사람들과 소통을 위해서일 것이다.

현대사회는 지금 많은 매체들을 통해 정보를 접하고 활동하고 있기 때문에 각자에게 물어본다면 아마 자신들은 이 사회와 잘 소통하면서 살아가고 있다고 말할 것이다. 왜냐하면 SNS, 디지털이 발달한 시대의 문화 속에 젖어 살기 때문에 그렇게 생각하고 사는 것이 당연한지 모르겠다. 아리스토텔레스는 "인간은 사회적 동물"이라고 말한 바 있다. 사회적 관계 속에서 살아가는 가장 중요한 기본이 소통이 아닐까 생각된다.

과연 지금 우리는 제대로 소통을 이루고 살아가고 있는 것일까? 이런 인터넷 문화 속에 살아가고 있는 사람들을 향해 사실은 불통의 시대라고 말한다면 사람들은 반론을 제기할 수도 있을 것이다.

그러나 조금만 더 깊이 들어가서 살펴보면 마치 지금 우리 사회는 미국의 사회학자 데이비드 리스먼의 《고독한 군중(Lonely Crowd)》처럼 대중사회 속에서 타인들에 둘러싸여 살아가면서도 내면의 고립감으로 번민하는 사람들의 사회라고 표현한 것처럼 많은 정보와 채널 안방에서도 전 세계를 내다보는 시야의 광활함 속에 살아가고 있지만 그 많은 정보와 지식과 채널이 오늘을 살아가는 나 자신 스스로를 착각 속에 살아가게 할 수도 있다는 사실을 우리는 간과하지 말아야 한다. 가장 가까운 관계로 지인들을 만나고 크고, 작은 모임들 안에서 혹은 가족들과의 만남 속에서도 과연 소통이 잘 이루어지고 있는가 하는 것이다. 이런 불편함을 느낀 사람들은 오로지 자기만의 공간에서 소통 없이 혼자 지내는 걸 선호하는 게 요즘 사회 현상이 아닐까 싶다.

몇 년 전 아는 지인으로부터 오랫동안 외부 활동은 전혀 하지 않고 집에서만 생활하고 있는 한 청년을 상담해 달라는 요청을 받고 만난 적이 있다. 고등학교 시절 집단 따돌림으로 대인관계장애와 사회활동 부적응 등 여러 장애를 가지고 있었다. 이런 상황이다 보니 외부 활동은 말할 것도 없고 아예 집 밖을 나가지 않은 상태에서 집 안에서만 살아 온 생활이었다. 내담자가 나름대로의 살아올 수 있었던 것은 인터넷이란 매체가 만들어 준 자기만의 공간 세계 속에서 지내올 수 있었기 때문이었다. 그렇지만 집에서 함께 살아가고 있는 부모님들과 형제들과는 소통이 전혀 이루어지지 않았을 뿐만 아니라 이제는 소통을 하지 않아도 전혀 불편함을 느끼지 못하는 생활로 길들여져 왔다는 사실이 너무 안타까웠다. 이런 경우 소통할 수 없는 장애와 아픔을 가지고 살아가고 있는 내담자에겐 인터넷이 위안이 되었을 것이다. 우리 주변을 돌아보면 이런 경우가 아닐지라도 소통의 중요성과 인식에 소중함과 필요성을 느끼고 살아가고는 있지만 실상은 소통에 대하여 진지하게 생각하지 않고 사는 것이 대부분의 삶이지 않을까 생각된다. 소통을 해보려고 시도 하다가도 지나치게 자기주장만 내세우는 사람들이 난무하는 현실이 오히려 역설적으로 불통이 만연하는 환경으로 만들어 버린 것이 아닌가 하는 생각이 때로는 들기도 한다.

상대방에 대한 반응

상대방에 대한 나의 감정 상태가 어떠냐에 따라 소통하는 데 중요한 역할을 한다. 누구나 경험해 보았던 연애 시절을 한번 떠올려 보면 좋겠다. 그때는 상대방에 대하여 내가 호감이 크기 때문에 뭐든지 받아들였고 좋은 점만 더 많이 보였다. 만약에 상대방이 마음에 들지 않는 사람에게서는 장점을 찾을 수가 없다. 아무리 좋게 보려고 해도 찾을 수가 없다는 것이다. 즉 이 말은 자신의 현재 시각이 편협되어 있다는 것을 드러내는 것이다. 미운 사람이 정말 미운 것이 아니라 그 사람을 미워하는 마음이 있기에 미운 짓하는 것만 보이게 된다는 것이다. 옛날 선배에게 들은 말 중에 이런 표현이 있었다. "부모가 미우니까 자식까지 미워진다"는 것이다. 물론 그렇게 하는 것이 좋은 태도는 아니지만 소통의 장애가 미움으로 발전되어 감정은 생각보다 다른 파장으로 나타나고 있는 것이었다.

왜 우리는 이렇게 소통보다는 불통이 횡행하는 세상으로 만들어져 가고 있을까? 그것은 다름을 인정하지 않는 우리의 의식과 맞물려서 나타나는 현상이 아닐까 생각된다. 대부분 사람들은 정보와 지식이 가져다주는 것으로 자신은 옳고 상대방은 틀렸다는 확증적 편향에 치우쳐 살아가기 때문이다. 이런 경우는 자기주장이 강하고 남을 통제하려는 사람에게 발견되는 모습이다. 그렇다면 과연 내가 하는 것이 옳고 다른 사람은 옳지 않다는 사고의 감정을 가진 사람과 어떻게 소통이 가능하겠는가?

공동체 안에서 일어난 내담자의 사건이다. 긴 시간동안 자신이 하는 것은 모두 옳고 다른 사람이 하는 것은 자신의 생각이나 마음에 들지 않으면 전혀 협조할 생각도 없고 오히려 그 자체를 부정하는 사고로 일관되게 살아온 내담자였다. 이런 상황이 지속되면 공동체 안에서는 내담자와의 관계에 있는 사람들은 서로의 이권과 상호 관계 때문에 못마땅할지라도 외면하고 불편함을 의식해서 사실적 표현을 해야 될 말이 있을지라도 묵인해 버린다. 그렇지만 언젠가는 곪으면 터지게 되어 있다. 한사람으로 인해 공동체는 혼란스러워지기 시작했고 주위 몇 사람들은 실제적인 어려움을 겪기도 했었다. 흔히 우리 주변에서 많이 겪는 일이기도 하지만 인생을 살아오면서 자신이 주변 사람들에게 어떤 영향을 주고 있는지를 조금은 생각해 볼 수도 있을 텐데 아예 인식도 하지 않을 뿐 아니라 오히려 자신이 옳다는 사고에서 조금도 벗어나지 않으려는 신념은 더욱 강해져서 의식 자체가 심각한 상태에까지 이르게 된 문제였다. 이 문제로 인해 서로의 관계는 어렵게 되고 말았다. 문제는 여기서 끝난 것이 아니었다. 본인이 인생을 살아오면서 결정해야하는 중요한 시점에 이르러서도 본인에 대한 돌아봄 없이 선택과 결정을 함으로 돌이킬 수 없는 치명적인 상황까지 이르게 된 상담 내용이었다. 결국 서로의 문제를 해결해 볼 수 있는 소통의 기미는 전혀 보이지 않았고 주변에서 중재의 역할을 해 주어도 전혀 통하지 않는 그야말로 불통 상태가 되어버려 급기야는 서로를 향하여 비난하고 정죄하는 비극적인 현실로 되어 버린 일이었다. 무엇이 서로의 관계와 상황을 이렇게 불통으로 만들어 버렸는지 이런 상황을 통해 자신만의 생각에 지나치게 몰입하지 말고 자신 스스로를 돌아보는 시간을 가져야 할 것이다. 우리는 누가 어떤 근거로 자신은 옳고 상대방은 틀렸다고 가치 판단을 할 수가 있는가? 나만 옳은 게 아니고 상대방도 옳다. 나 역시도 틀릴 수 있고 잘못 생각할 수도 있다는 것을 인정할 필요가 누구에게나 있다. 옳음은 한 사람의 몫은 아니다. 우리가 함께 살아가면서 공유하는 가치다. 서로가 이런 마음을 가지지 못한다면 소통을 불가한 것이다. 소통은 일방이 아닌 쌍방에서 일어나는 커뮤니케이션이다. 불통의 원인은 상대방을 받아들이지 않음에 있다. 다른 사람의 신념, 주장, 태도는 옳지 않고 내 신념, 주장, 태도만 옳다는 독선적인 사고가 소통을 가로막는 장벽이다. 지금 우리 사회에서 나타나는 현상도 동일하다. 정치, 언론, 시민단체, 노동단체들의 주장을 들어보면 이건 소통이 아니라 일방적인 주장을 하고 있을 뿐이다. 어떤 경우에는 자기주장을 해결하기 위해 거짓말도 거리낌 없이 하게 된다. 만약 일방으로 치닫게 되면 그것은 소통이 아니라 선동이 된다. 소통에서 가장 중요한 포인트는 상대방의 말을 경청하고 상대의 의견을 존중해야 상대방도 나의 말을 존중하고 귀담아 듣는 법이다. 이것이 소통의 원리고 소통의 기술이다. 건강한 소통을 이루어가기 위해서 우리는 상대방의 의견을 존중하고 다름을 인정하면서 시작되어야 한다. 소통은 상대방을 존중하면 의외로 쉬워지는 기쁨이다.

불통의 아우성

요즘은 너무 혼란스러울 정도로 불통을 느끼며 살아가고 있는 시대인 것 같다. 온라인 세상이 오프라인을 초월하고 그 속에서 소란과 소음이 발생하는 것을 보게 된다. 오래전 어느 TV 프로그램에서 앞선 사람이 전달해 준 액션을 뒷사람이 알아듣고 또 뒤에 있는 사람에게 전달하여 마지막 사람이 정답을 맞히는 프로그램이었는데 물론 앞사람이 잘못 표현하는 것도 문제가 있을 수 있지만 전달받는 사람이 정확히 알지 못해 자신의 추측으로 전달함으로서 마지막 사람에게는 정답과 전혀 상관없는 엉뚱한 답변을 함으로 많은 사람들의 웃음을 주었던 프로그램이 생각난다. 결국 각자의 대화법이 다르고 받아들이는 사람도 스스로의 판단으로 인해 소통이 제대로 되는 것이 아니라 전혀 다른 불통으로 이어진다는 사실이다. 이처럼 누군가에게 전달되어 주고받는 이야기들은 조금씩은 각색되어 전달될 확률이 높다는 것이다. 중요한 것은 문자나, 전화보다는 직접 만나서 소통하는 방법이 제일 중요하다는 것이다. 누군가를 통해서 듣게 되면 때론 불순하거나 불필요한 감정들이 생길 수도 있고 전해질 수 있다는 사실이다.

소통과 경청

성경 야고보서 1장 19절 말씀에 "사람마다 듣기는 속히 하고 말하기는 더디 하며"라고 말씀하고 있다. 듣기는 속히 하라는 말씀 속에는 상대방의 말을 잘 알아들어야 한다는 뜻도 들어 있다는 의미이다. 상대방의 표현을 잘 알아듣는 것만큼 소중한 소통은 없을 것이다. 즉 소통은 경청에서 시작된다는 것이다. 잘 경청하기 위해서는 귀와 눈과 마음의 태도가 중요하다. 상대방의 표현하는 의도를 헤아리고 집중해서 마음을 살펴보고 반응하는 것이다. 경청의 자세가 바르지 못하면 결국 불통으로 갈 것이다. 불통은 통하지 못하는 막다른 길과 같다. 소통이 막히면 갈 길도 잃어버리게 된다.

직장인 10명 중 8명(79.1%)은 소통에 어려움을 겪고 있다고 호소하고 있다. 물론 직장 내에서 원활한 소통을 위해 노력하는 사람도 많을 것이다. 그렇지만 소통을 위해 노력하고는 있지만 여전히 소통에 어려움이 있다. 나는 정말로 소통을 잘 하고 있는가? 사람들은 소통의 방법을 매우 잘 알고 있지만, 정작 자신이 불통의 대상일지도 모른다는 생각은 전혀 하지 않는다. 어느 직장의 상사는 소통을 매우 중요시하는 분이었다. 직원들에게 소통이 중요하니 잘해야 한다고 늘 이야기했다. 그런데, 몇 년 동안 지켜본 그 상사는 1시간 회의 동안 절반 이상은 본인의 의견을 피력하고 지시하는 시간으로 할애했다.

회의에 참여한 직원들은 늘 뭔가를 열심히 적고 있었는데, 대부분 상사의 말을 토씨 하나 틀리지 않게 받아 적고 있었다. 직원들은 상사의 말을 받아 적느라 상사와 눈을 마주칠 경황이 없었다. 아니 어쩌면 대답하기 싫어서 열심히 무엇인가를 적고 있었을 수도 있다. 어떤 상황이든 상사는 소통이라고 생각하고 있었을 것이다. 한 사람이 일방적으로 상대방보다 이야기를 더 많이 한다면, 상대방으로부터 아무 반응이 없다면, 이미 소통은 물 건너갔다고 본다. 그 상사는 소통에 대해 이론적으로는 매우 잘 알고 있었지만 실제 적용과는 거리가 멀었다. 이런 모습은 우리 주변에서 쉽게 볼 수 있기도 하고 어쩌면 나의 모습일수도 있다. 소통이 잘 안되면 어떠한 일이 일어날까? 앞서 언급한 설문조사 결과를 보면, '소통 단절이 근로의욕을 꺾는다(42.1%)' 더군다나 사회생활을 처음 경험하는 사람에게는 치명적 상처로 남게 된다. 직장에서의 소통은 대화 이상의 의미를 지니고 있다. 상대의 표현에 집중하여 경청하다 보면 문제의 근본 원인을 파악하고 효과적인 해결책을 찾을 수도 있다. 이러한 소통은 서로에게 깊은 이해와 신뢰 관계를 만들어 가며 다른 팀원들과의 건강한 조직 커뮤니케이션 문화를 형성하는 데 중요한 역할을 하기도 한다.

소통 장애요인 말투와 억양

지방의 사람들이 그 지방 사람들의 억양에 대해 느끼는 반응들을 들어보면 일단 거칠고 시끄럽다는 것이다. 조용히 말해도 될 일인데 무슨 큰 문제가 일어난 것처럼 자신의 이야기를 주변 사람들이 불편을 느끼든 말든 상관없이 습관이 된 억양과 말투로 대화를 한다. 나 역시도 지방에서 출생했고 서울에서 30년을 살아오면서 그 지역에 살고 있었을 때는 몰랐던 사투리의 억양과 소음이 가끔 지방을 방문하는 일이 있든지 그 지역 사람을 만나는 경우 심적 부담을 느낄 정도로 억양과 말투에 불편함을 솔직히 느끼고 있다. 물론 지역 폄하의 이야기는 아니지만 수십 년 습관화되었고 체질화된 억양과 거친 표현들이 하루아침에 해결될 수는 없겠지만 대부분 인간관계의 갈등들이 말투와 거친 표현 때문에 발생하기 때문에 쉽게 간과하고 넘겨버려서는 안 될 일인 것이다.

직장 내에서도 갈등은 대개 말투에서 시작된다. 우리 사회 어느 구석, 어느 계층에서든 바로 이 '말투' 때문에 갈등과 스트레스의 충돌이 일어난다. 사람들 간의 갈등과 충돌의 90%는 잘못 된 어조에서(톤, 억양, 말투에서) 불거지며, 정작 갈등의 원인이 될 수도 있는 견해 차이에서 비롯되는 것은 10%에 불과하다. "생각 좀 하고 일해라" "사람이 왜 기본이 안 되어 있어" "시키는 대로 안 하고 왜 네 마음대로 해" "너 뭐 하는 사람이니?" 등의 말투는 대화를 단절시키며 소통을 막아 버린다.

소통이 원활하지 않은 요인은 여럿이다. 사회 지도층의 소통 역량 부족, 계층, 세대, 성별, 지역 간 편 가르기, 정규직과 비정규직, 양극화, 그리고 이념적 대립 등. 원인이 복잡한 만큼, 그 해법도 간단치 않다. 저자는 불통의 원인을 세 가지가 부족한 데서 찾는다. 경청, 질문, 토론이다.

들으려고 하지 않는 대화

대화는 질문을 통해 이어진다. 그래야만 온전한 소통이 될 수 있다. 묻고 답하는 과정이 대화이고 소통이다. 대화가 이어지려면 상대의 말에 대해 의문을 가지고 반문할 수 있어야 한다. 질문 없는 대화 문화는 우리 민족의 아픔이기도 하다. 일방적 전달이나 주입식으로 일관해 온 우리 민족 문화의 아픈 뿌리다. 얼마 전 유대인들의 도서관에 대한 방송을 본 적이 있었다. 그 영상을 보면서 느낀 것은 왜 우리 사회에서 이런 소통의 부재가 일어나고 있는가를 명확하게 보여 주는 장면들이었다. 우리처럼 혼자 공부하는 도서관이 아니라 함께 소통하는 법을 익히는 학습장이었다. 도서관 문을 여는 순간부터 충격적으로 다가왔다. 이게 도서관인지, 동네시장 바닥인지, 서로 다투는 것은 아닌지, 과연 이런 곳이 도서관이라고 말할 수 있나? 공부는 제대로 될까? 하는 의구심이 들 정도로 받아들이기 쉽지 않은 장면이었다. 우선 우리나라 도서관하고는 전혀 다른 분위기였다. 우리나라 도서관은 아시다시피 숨도 제대로 못 쉴 정도로 정숙, 고요, 침묵 그 자체다 도서관인지 수도원인지 모를 정도의 분위기다. 그런데 유대인들의 도서관은 너무 소란, 왁자지껄, 요란스럽다. 우린 혼자 앉아 조용히 공부하는 도서관이지만 그들의 도서관은 혼자서 공부하는 사람이 없다. 둘이 아니면 공부를 할 수가 없는 문화였다. 우리는 혼자서 나만의 사고 속에 지식을 습득하는 공부라고 한다면 유대인 민족의 공부는 혼자서 할 수 없는 토론 중심의 도서관 학습법이었다. 이런 문화가 보여 주듯이 이들은 어릴 때부터 다른 사람의 생각이나 주장을 들으면서 문제를 풀어가는 공부를 해온 것이 정신이나 몸에 베여 있다. 자신의 주장이나, 상대의 주장도 공감하면서 끊임없이 대화하는 모습을 볼 수 있었다.

우리는 자신만의 학습법에 익숙한 공부를 하다 보니 상대방의 것을 듣는 일에 너무 부족할뿐더러 이해도 되지 않기 때문이다. 또 하나의 왜곡된 의식은 사실 토론은 경쟁이나 승부를 위한 것이 아니다. 누구 말이 더 옳고 맞느냐를 놓고 겨루는 게 아니고 어느 말이 더 옳은지 찾아가는 과정이어야 한다. 이를 위해서는 다름을 인정하고 다양성을 존중하는 게 기본이다. 자신의 부족함을 아는 것도 중요하지만 필요하면 남의 것도 얼마든지 받아들일 수 있다는 열린 자세와, 보다 나은 수준과 결과물에 대한 성취 욕구도 필요하다.

어떤 주제나 대상을 가지고 대화를 하다 보면 상대와의 토론과 대화에 대한 이해부족과 아울러 자기만의 생각과 주장으로 학습해 온 문화가 직장이나 사회, 심지어 이웃과의 관계에까지 나타나는 것을 보게 된다. 진정한 소통은 서로에게 얻는 게 있어야 하고 스스로를 돌아보는 기회의 장이 되기도 해야 한다. 우리기 이렇게 받아들이지 못하는 이면에는 토론과 소통 자체를 하나의 경쟁이나 승부 개념으로 생각하다 보면 서로에 대한 갈등만 깊어지고 결국에는 불통으로까지 이어지는 불편한 감정만 서로에게 남기는 경우가 생기게 된다.

잘 들어주는 대화

상대방의 말을 잘 들어준다는 것은 상대방이 신나서 말할 수 있는 환경을 만들어 주는 것이다. 다르게 표현하면, 상대방이 말을 할 때, 잘 반응해 주어야 한다는 것이다. 우리 주변에는 반응을 잘하는 사람들이 많다. 대표적인 반응은 고개를 끄덕여 주는 것이다. 물론 너무 자주 끄덕이면 성의가 없어 보인다. 예를 들면, 공감한다는 표정으로 고개를 끄덕인다든지 눈을 잠간 감고 생각하는 것처럼 끄덕인다. 상대방의 눈을 마주보며 고개를 끄덕인다. 이렇게 고개를 끄덕이는 것만으로도 상대방이 열심히 말할 수 있는 기운을 북돋아 줄 수 있다.

상대방의 말을 잘 듣는다는 것은 상대방의 말에 집중해야 한다는 것이다. 집중한다는 것은 상대방이 말을 할 때에 그 사람의 말을 중간 중간 요약해서 내가 제대로 알아들었는지 확인하는 것이다. 상대의 말을 확인할 때에 앞서 언급한 발언 우선권을 활용하면 된다. 상대방 말의 요지를 질문으로 확인해 주는 것이다. 어떤 사람은 자신이 무슨 말을 하고자 했는지 중간 중간 잊어버려 자주 딴 방향으로 빠지기도 한다. 어떤 사람은 무작정 화가 나서 이야기하다가 정작 원하는 요구사항을 제대로 이야기 못하고 화풀이나 상대방 탓만 하는 경우에도 상대방의 마음과 감정을 공감해 주며 대화를 통해 자신 내면에서 정화의 상태가 일어나게 만들어주는 것도 소통으로 가는 지름길이다.

인내심으로 들어주는 대화

'인내를 가지고'라는 것은 비판이나 판단 없이 들어야 한다는 것이다. 예를 들어 내가 가벼운 접촉사고를 당했다고 하자. 그 이야기를 하면 사람들은 저마다 자신의 경험을 이야기한다. 접촉사고를 당했을 때에 어떻게 행동해야 한다는 조언들이 대부분이다. '바로 경찰에 전화했어야지' '차에서 내릴 때 뒷목을 잡고 내려야 해요' '상대방에게 먼저 큰 목소리로 화를 내야 유리해' 등등 매우 다양한 어조와 격앙된 표현으로 자신들의 경험을 이야기한다. 만약 친구가 직장 동료가 접촉사고를 당했다고 하면 여러분은 무엇이라고 말해 줄 것인가? 내 경험을 먼저 이야기하지 말라. '그래서? 어떻게 했어요?'라고 물으며, 상대방의 이야기를 들어야 한다. 상대방이 원하기 전까지 조언은 금물이다. 나이가 들어갈수록 나타나는 현상은 집중력도 떨어지고 상대방에 대한 배려도 줄어든다. 자신이 해야 될 이야기를 잃어버릴까 봐 조급하기도 하고 상대방의 대화 속에 갑자기 끼어들기도 한다. 그렇지만 우리는 상대방의 대화를 끝까지 경청하는 것과 기다려 주는 훈련이 필요하다. 더 나아가 눈을 쳐다보고 공감해 주는 표정과 행동까지 함께해 줄 수 있다면 상대방의 마음을 얻는 일에 신뢰성을 쌓게 될 것이고 서로에 대하여 더 높은 수준의 소통의 대화로 발전하게 될 것이다.

공동체 생활을 하는 사람들에게 강조하고 싶은 훈련의 습관은 상대방을 향한 경청과 바라봄, 메모하는 태도, 자신이 들은 것에 대한 확인까지 해 간다면 서로의 불필요한 오해나 실수에 대한 낭비를 하지 않게 될 것이다. "벽을 치면 대들보가 울린다"는 속담처럼 암시만 주어도 눈치를 채고 의사소통이 이루어진다는 것이다. 공동체 안에서도 이러한 갈등들은 많이 겪는 일들이다. 원만한 소통이 되지 않는 경우는 잘못 길들여진 습관 때문이든지 아니면 자기중심적 사고와 상대방의 표현에 대한 그 사람을 향한 선입견으로 듣거나 아니면 정확하게 전달받는 일에 집중하지 않음으로써 발생되는 일이 대부분이다. 일을 잘하려면 대화도 소통도 잘해야 한다. 소통은 단순한 대화가 아니라 일하는데 실수도 줄이고 능률도 올릴 수 있는 탁월한 전략이다. 손발이 맞으면 일도 효과적이며 빨리 진행되게 된다.

오해와 이해를 통한 관계회복

사람이 살아가면서 가장 억울한 일이 있다면 자신과는 전혀 상관없는 일에 얽혀 오해받는 일이라 생각한다. 이런 경우 내가 한 행동 혹은 내가 한 말의 진의를 잘못 이해해서 실수로 오해를 받을 수도 있고, 아니면 경우에 따라서는 고의로 왜곡해서 나를 오해하도록 만드는 일이 있을 수 있다. 나의 존재를 부정적으로 만드는 결과이기 때문에 어느 경우든 오해받는 일은 정말 고통스러운 일이다.

오해의 DNA

왜 우리는 이런 오해 속에서 서로가 고통을 느끼면서 살아야 하는가? 그 원인은 과연 무엇일까? 오해하지 않고서는 살아갈 수 없을까? 사람과의 관계에서 나타나는 오해로 인해 많은 사람들이 생각지 못한 고통 속에서 힘들어한다. 상담을 해 온 입장에서 보면 우리 인간은 오해할 수밖에 없는 유전인자를 가지고 있다는 사실이다. 이런 사실을 발견하기까지 본인이 주변에서 겪는 오해의 소용돌이 속에서 쉽게 벗어날 수는 없다. 오히려 오해를 통해 진정한 자기를 찾아가는 길이 될 수도 있으며 오해의 갈등 속에서 서로가 알지 못했던 관계의 더 깊음의 세계를 인식하게 될 수도 있다. 이것은 본인의 인격에서 경험해야 될 중요한 일들이므로 정보나 지식으로 정립할 수 있는 문제는 아니다. 사람마다 자신이 살아온 환경과 배경이 다르고 가족관계가 다르기 때문이다. 이런 경험은 본인이 받아들임으로 자신을 만날 수 있고 사람과의 관계에서 오해로 일어나는 문제들을 삶을 통해 깨닫게 되는 안목을 열어 갈 수 있기 때문이다.

오해 속에 감춰진 어둠

내담자들을 대상으로 회복해가는 프로그램을 진행해 오면서 상담의 마지막 과정에 이르게 되면 자신이 왜 이런 삶을 살 수밖에 없었는지 무엇 때문에 오해의 늪에 빠져 살아오게 되었는지 본인이 살아온 삶의 흔적을 통해 깨닫게 된다. 그리고 깨달음을 통해 억울함과 속상함 속에 살아온 자기와의 만남을 경험하게 될 것이다. 이 과정을 경험하면서 자기발견과 변화는 인생의 본질이 무엇이며 본질의 바탕에 계신 하나님과의 만남이 주어지게 된다. 자기 인생을 송두리째 조종하고 지배하며 괴롭혀 온 이론의 어둠이 아니라 영적 실체의 어둠과도 마주하게 된다는 사실이다. 그리스도인들은 체험 없는 지식적인 정보 수준의 영적 세계를 너무 쉽게 말하고 도그마 신앙의 그림자 속에 살아가고 있는 신앙으로 길들여져 온 상태라는 현실을 부인할 수 없을 것이다. 또한 실제적인 현상들의 문제를 지나치게 신비적으로 묘사해 버리거나 지식이나 정보수준의 인식으로 받아들이고 살아왔기 때문에 지금도 수많은 사람들이 자기 자신이 누구인지, '나'라는 존재가 어떤 의식의 세계 속에 갇혀서 살아가고 있는지 알지 못한 채 습관화된 믿음생활로 일관하고 있다. 서로에게 상처를 주고 한편으로는 오해를 하게 만들어 서로가 묶이고 매이는 사고의식의 지배 속에 우리 관계를 파괴하고 있다.

오해의 블랙박스

상담치유를 통해 내담자들을 7회-8회 정도 상담하다 보면 지금까지 본인의 삶의 현실에 일어난 일들의 근본적인 원인들이 드러나며 매듭의 끝이 보이기 시작한다. 왜 그랬을까? 무엇이 나를 이렇게 살아갈 수밖에 없도록 만들었을까? 하는 궁금증이 생기면서 어느 한 시점에 이르면 '내가 뭔가를 너무 착각하고 살아왔구나' 또는 '본인이 살아오면서 마음은 그렇지 않은데 나는 왜 자신도 원치 않는 이런 삶을 살아가고 있을까?'라는 의구심 때문에 자신 스스로에 대한 못마땅함과 상실감에 빠질 때도 있다. 분명히 말씀드리고 싶은 것은 이 시점에 이르러야 깨달을 수 있다는 사실이다. 여기서부터 매듭은 풀어지고 오해는 회복되는 출발점이 되기 때문이다. 지금까지 내가 살아오면서 잘못된 정보, 왜곡된 사고, 환경과 사람의 상처가 만들어 낸 나만의 편협된 정신구조, 이 모든 것들의 집합체로 만들어진 것이 Bb box(Black box)이다. Bb box는 엄청난 영향력을 행사한다. 내 몸과 인격 전체를 통제하고 지배하는 통제본부의 역할을 하게 되어 나는 철저히 통제본부의 통제 아래 이것이 마치 나 자신의 삶인 것처럼 살아온 것이다. 이것은 내가 원하고 바라는 나의 삶이 아니라 왜곡되게 만들어진 Bb box는 철저히 내 안에서 나의 인생을 도둑질하고 강도질 했던 것이다. 성경은 이에 대하여 확실하게 증명하고 있지만 인간 중심적인 말을 듣는 것에 익숙해져 있고 본뜻과는 다른 종교적으로 길들여진 생활을 하고 있다. 특히 "내가 온 것은 양으로 생명을 얻게 하고 더 풍성히 얻게 하려함이라"(요한복음 10:10)라고 말씀하는 내용보다 앞선 본문에서 말하고 있는 "도적이 오는 것은 도적질하고 죽이고 멸망시키려는 것뿐이요"라고 분명히 말씀하고 있으며 또 "나보다 먼저온자는 다 절도요 강도니 양들이 듣지 아니하였느니라"(요한복음 10:8)라고 말씀하신 것처럼 우리가 예수님을 만나기 이전 내 삶을 도적질하고 강도질하는 세력들이 우리를 지배해오고 있다는 것이 막연한 표현으로 전달되었기 때문에 여기에 대한 경각심도 부족했고 돌아볼 생각도 하지 못한 채 위로되고 힘이 되는 평안에만 초점을 맞추어 "양으로 생명을 얻고 더 풍성히 얻으리라"는 소망적 메시지로 받아들이는 사고로 길들여져 왔기 때문일 수도 있다.

만약 주님의 오심이 우리에게 현실적으로 받아들여지기 위해서는 지금 나의 위태함과 심각한 문제인식이 내가 잘못 알고 있는 왜곡된 정보와 지식이 내 삶을 어떻게 파괴하고 있는지 새롭게 인식할 수 있는 기회가 될 수도 있다. 이 문제를 언급하고 넘어가고 싶은 이유는 앞에서도 나열한 것처럼 우리에게 전달된 잘못된 지식, 왜곡된 사고, 환경과 사람의 상처로 인해 스스로 만들어 낸 나만의 편협된 정신구조로 만들어진

Bb box는 내가 세상을 살아가면서 만나는 사람들과의 관계에 오해라는 소용돌이에 휘둘리도록 길들여 왔기 때문이다. 이러한 의식이 정리되지 않고 지속되는 생활이라면 내게 주어진 모든 것들을 오해라는 시각으로 풀어가기 때문에 그리스도인이라면 신앙으로 몸부림치면 칠수록 지쳐서 결국에는 절망의 늪에서 허우적거릴 수밖에 없는 지경에 이르게 될 것이다. 잘못된 지식, 정보는 우리에게 왜곡된 사고를 가지게 만든다. 내 안에 자리 잡은 왜곡된 사고는 나의 감정선에 또 다른 마음의 집을 짓게 된다. 이것이 부정적 마음이다. 왜곡된 사고와 부정적 마음은 하나가 되어 세력이 결집되어 육신적인 행위로 드러나게 만드는 것이 결국 타락된 행동들이다. 왜곡된 사고는 주로 성장과정이나 부모, 환경으로부터 받은 상처의 영향을 통해서 우리 인격에 형성된다.

상처와 오해의 시각

상담했던 내담자의 상처 영향이 서로에 대한 오해와 불신으로 나타나게 된 한 예를 든다면 부부 갈등과 남편의 외도로 인해 함께 살아갈 수 없는 지경에 이르러 고통을 겪고 있는 여성 내담자는 마지막으로 상담을 통해 문제를 해결하려고 상담센터를 방문했다. 아내 자신은 직장에서 최선을 다해 살아가고 있는데 남편의 외도 행위는 도저히 용납될 수 없을뿐더러 자신의 경제력까지 남편에게 빼앗기다시피 하며 살아가고 있는 자신의 삶이 너무 억울하다는 것이었다. 미움과 증오, 분노의 감정이 너무 고통스러워 남편과 상간녀에 대한 극단적인 생각까지 하고 있었다. 몇 차례의 상담치유를 경험하면서 자신의 삶에 왜 이런 일들이 일어나게 되었는지, 무엇이 남편을 오해하게 만들었고, 자기 자신은 왜 이런 일이 일어나는 문제에 대하여 동조 할 수밖에 없었는지 아주 구체적인 실체를 보게 되는 기회가 된 상담이었다.

아내의 경우 어린 시절부터 본인의 아버지와 엄마의 부부 갈등으로 살아가는 모든 모습을 보면서 성장했다. 아버지를 생각하면 어릴 때부터 3無(무지, 무능, 무책임)가 생각난다고 했다. 이런 아버지와 살아가고 있는 엄마의 모습은 오롯이 가정을 지키며 살아내야 되겠다는 강한 의지가 여장부로 변신하게 되었고 남편에 대한 속상함과 분노의 감정은 자신의 딸을 향해 신경질과 짜증스러운 표현 속에 온갖 구박을 했던 것이다. 여성 내담자의 왜곡된 사고는 자신의 남편을 만나기 이전부터 아버지를 통해서 보아온 남자에 대하여 부정적 남성자아상을 갖게 되었고 부정적 남성자아상은 지금 살아가고 있는 남편의 좋은 장점을 보기보다는 어릴 때부터 숱하게 보아온 3無(무지, 무능, 무책임)를 보는 시선은 아내의 의식 속에 깊이 뿌리박혀 있었다.

반면에 남편의 성장배경을 보면 남편의 아버지는 어릴 때부터 아들(남편)에 대하여 억압과 못마땅함의 질타로 항상 기가 죽은 억압의 성장 배경을 가지고 있었다. 남편은 아버지로부터 받은 책망, 지적, 비난의 상처로 소극적, 의기소침한 성격의 사고로 길들여진 사람이었다.

그런데 아내는 남편을 볼 때마다 보여지는 것은 본인의 아버지로부터 어릴 때 보았던 무지, 무능 무책임의 반응들이 남편의 성격과 생활 속에서 그대로 나타나는 것들로 잘 보여지게 되었고 상처의 뿌리는 잘못된 사고와 오해의 시각으로 남편을 바라보았기 때문에 이해하거나 공감해 주질 못했던 것이다. 오히려 아버지를 보면서 남자에 대하여 부정적이었는데 아버지와 닮은 사람이 다름 아닌 지금 남편의 모습과 너무 일치해서 아내는 자기 안에 있는 아버지로부터 받은 상처의 영향력으로 남편에게 공격적으로 억압하는 생활을 계속 해왔던 것이다. 또한 남편은 결혼이라는 환경을 통해 아버지를 벗어나서 자신의 인생을 살아가고 싶었는데 아버지와 똑같은 영향을 주고 있는 사람이 다름 아닌 자신의 아내였던 것이었다. 남편은 누구도 내 마음을 알아주지 않는 공허함과 외로움 속에 힘든 나날을 보내고 있었다. 어느 날 자신의 마음에 있는 고통과 아픔을 너무 이해해 주고 공감해 주는 여성을 만나게 되었던 것이다. 그동안 아내로부터 받지 못했던 사랑의 감정을 느끼며 그야말로 하루하루 행복한 삶을 누리고 있는 환경 속에서 이런 문제들이 발생한 것이었다.

두 사람이 결혼을 하기 전 성장배경 속에서 가지게 된 왜곡된 사고의 영향력이 어떻게 서로에게 나타나기 시작했는지를 볼 수 있다. 본인 스스로도 모르고 있는 상처의 영향력들이 건드려져서 활동하기 시작했고 아버지로부터 받은 상처의 뿌리는 서로를 향해 왜곡된 사고와 판단으로 오해의 시각으로 보여지게 했고 서로에게 상처를 주고받는 일들로 되풀이 해왔던 것이다. 아내의 경우 상담치유를 경험하면서 부정적 남성자아상이 아버지의 영향이었던 것을 깨닫게 되었고 자신의 상처로 인해 남편을 너무 모르고 살아온 자신의 무지함과 어리석음이 얼마나 남편에게 큰 상처로 작용했는지를 안타까워하며 남편에게 용서를 구하겠다고 고백했다. 물론 남편도 아내와 같이 동일한 문제를 가지고 있었던 것은 사실이다. 본인은 아버지로부터 억압받고 무시당하는 질타 속에 살아왔지만 남편의 어머니는 오히려 그런 아들을 보호하고 품어주었던 것이다. 어머니의 사랑 안에 성장해 온 남편은 아내를 보면서 본인을 품어주고 보호해 주었던 여성스러운 어머니와 같은 아내가 아니라 오히려 아버지한테 당했던 억압과 질타 속에 냉정함을 느끼게 만드는 아내를 통해서 아버지로부터 받은 상처의 영향이 나타나기 시작했던 것이다. 이 부부의 경우 가정을 이루고 살아가는 부부지만 서로에 대하여 너무 모르고 살아온 것에 대한 후회와 안타까움이었다. 다행히 상담치유를 통해 서로의 실제를 알아가는 뜻깊은 기회였고 가정을 하나님 앞에 세우는 소중한 시간들이었다.

왜곡된 사고는 오해의 늪으로

오래전 한 청년 내담자는 어린 시절의 한 사건으로 인하여 뭔가 하나가 꽂히면 거기서 벗어나지 못하고 꼬리에 꼬리를 물고 스스로를 자책하는 감정에 붙들려서 세상을 바라보는 시선도 항상 부정적이고 왜곡된 사고를 가지고 살았다. 주위 사람들과의 관계에까지 왜곡된 사고로 너무 힘든 고통을 겪고 있었던 내담자로 기억된다. 내담자의 경우 주위

눈치를 심하게 살피는 편이었고 남들은 아무 관심도 없는 일인데도 자신 안에서 일어나는 부정적 감정이 주위 사람들이 자신을 나쁘게 보고 있다고 생각했다. 심한 경우는 자신과 전혀 일면식이 없는 사람들에게서도 자기를 조롱하거나 무시하거나 안 좋은 말을 하는 것으로 스스로가 받아들이는 왜곡된 사고 속에서 헤어나지 못하고 생활하고 있었다. 결국 이 사고로 인해 자신에 대하여는 스스로를 자책하며 무기력하게 만들었고 주위 사람들과의 관계에서는 자신을 용납하지 않고 배척하는 사람들뿐이라고 생각하는 왜곡된 사고의 뿌리가 있었다. 상처의 뿌리는 우리 일반인들에게는 생각할 수도 없는 이해하기 어려운 어처구니없는 어린 시절의 한 사건으로부터 시작되었다. 어느 날 내담자의 집에 이웃집 할머니가 찾아와서 엄마와 한참 대화를 나누는 것을 내담자는 주목하며 지켜보고 있었다. 그리고 할머니와 엄마의 대화하는 모습이 꼭 자신을 비난하고 흉보고 나쁘게 이야기하는 것으로 받아들였던 것이다. 할머니가 가신 후에 내담자가 '엄마에게 무슨 이야기를 했느냐?' 물어보아도 엄마는 어린 너는 알 것 없다고 핀잔을 주었고 내담자는 스스로 생각하기를 분명히 자신의 이야기를 했으니까 엄마조차도 나에게 알려 주지 않는 것으로 생각하게 되었던 것이다. 그 후 특히 여자에 대한 부정적 감정이 상처의 뿌리로 자리 잡게 되었던 것이다. 이 사건의 영향은 내담자의 무의식 속에 왜곡된 사고를 가지게 되는 계기가 되었고 내담자의 생활 속에서 힘을 발휘하는 세력으로 확장세를 펼쳐나가고 있었던 것이다.

이런 경우 내담자는 어린 시절 본인이 겪었던 사건의 실체를 직면케 함으로서 엄마와 이웃집 할머니에 대한 억울하고 속상했던 분노의 감정을 쏟아낼 수 있도록 해야 한다. 특히 엄마에 대해서도 자신이 가장 신뢰할 수 있는 분인데도 자신을 외면한 것에 대하여 분노가 크게 자리 잡고 있을 것이다. 이러한 과정의 경험이 없이는 쉽게 생각이 바뀌지 않을뿐더러 그 사건으로 인해 20년-30년 가까이를 왜곡된 사고와 오해의 늪에 빠져 살아온 내담자에게는 변화되고 회복되는 것은 쉽지 않기 때문이다. 어느 정도 왜곡된 상처의 감정이 처리되고 나면 자신이 무엇 때문에 고통에서 시달리며 살아왔는지 조금씩 인식하게 되는 것이다. 이 사건을 통해 내담자는 자신이 그동안 모르고 살아온 영적 실체에 대해서도 깨닫게 되었고 상담치유를 경험함으로 자신을 하나님 앞에 세우는 중요한 결단의 기회가 되었던 것이다.

타락된 행동이 가리는 시야

　미움, 질투, 좌절, 두려움, 분노 같은 부정적인 감정이 수시로 찾아오는 것은 지극히 자연스러운 현상이다. 하지만 우리는 자신도 의식하지 못한 사이에 끊임없이 상처의 감정을 저항하고 억누르기 때문에 감정이 자연스럽게 흘러가지 못하고 고통을 느낀다는 것이다. 이럴 때 자신의 감정을 다스리지 못하고 본성 그대로를 표출시킬 때 나타나는 행위가 타락된 행동이다. 현대 사회에서는 다양성이 강조되고 있으며, 이는 다양한 배경과 경험을 가진 개인과 그들의 관점이 조화롭게 공존하는 것을 의미한다. 그러나 가끔은 다양성 속에 파괴적인 행동이 숨어 있을 때가 있다. 과연 타락된 행동이 나타나게 되는 동기는 무엇일까?

먼저, 다양성은 사회, 직장, 학교 등 사람이 모여 있는 곳이면 어디든지 나타나게 마련이다. 이는 인종, 성별, 종교, 문화 등 여러 측면에서 나타날 수 있다. 다양성은 창의성을 촉진하고 혁신적인 아이디어를 산출할 수 있도록 돕기도 한다. 그러나 다양성이 타락된 행동으로 이어질 때, 조직이나 사회의 안정성에 위협이 될 수 있다. 이러한 행동은 자신의 목표를 달성하고자 하는 의도에서 비롯되기도 한다. 그러나 이러한 목표는 종종 부정적인 수단을 통해 이루어지기 때문에 조직이나 사회에 피해를 줄 수 있다. 타락된 행동의 배경에는 다양한 원인이 존재한다. 심리학적인 측면에서는 개인이 경험한 트라우마, 부정적인 환경에서의 성장, 자아 존중감 부족 등이 파괴적인 행동의 동기로 작용할 수 있다. 또한, 사회적인 측면에서는 불평, 차별, 경제적인 문제 등이 파괴적인 행동의 배경이 될 수 있다. 이런 관점에서 살펴볼 수 있는 것은 사람의 인격적 반응들은 어떠한 사고를 가지고 있느냐에 따라서 나타나게 된다는 사실을 알 수 있다.

앞에서도 언급한 바와 같이 타락된 행동으로 나타나게 되면 자신이 행하는 모든 행동이나 일들에 대하여는 철저히 자기합리화에 빠져들게 되는 의식에 갇혀서 본인 스스로가 무슨 죄악을 범하고 있는지에 대해서는 전혀 무지함으로 반응한다. 더 안타까운 것은 타락된 행동이 결국은 자신의 인격 파괴만 하는 것이 아니라 자신만의 지나친 아집으로 일관하게 되고 상대를 향하여는 비난과 정죄의 공격성을 나타내게 되므로 결국에는 자신 스스로의 불행의 늪으로 빠져들게 된다는 사실이다. 이러한 문제의 원인을 발견하지 못하고 계속 살아간다면 본인에게 다가오는 불행을 감당하기 어려운 시점에 이를 수도 있다는 것이다.

왜곡된 사고로 부정적 감정의 반응이 타락된 행동으로 나타나는 실례를 우리는 성경을 통해서도 확인할 수 있게 된다. 복음서에 나타난 예수님과 유대인들 사이에 일어나고 있는 정죄와 비난과 부정의 모든 배경에는 유대인들의 율법에 대한 오해와 이해의 부족으로 비롯되고 있음을 보여 주고 있다. 예수님 당시 유대인들은 그 누구보다도 율법에 능통한 자들이었고 율법을 지키는 일에는 누구도 따라올 수 없을 만큼 완벽한 율법주의자이었다. 이것은 그들의 신앙이었고 대단한 자부심이었던 것이다. 그에 반해 예수님은 본인이 메시야라고 이 땅에 와서 행하고 있는 모습들을 당시의 유대인들이 보았을 때는 철저히 율법파괴자로 보였고 본인들이 기다리고 있던 메시야와는 전혀 다른 존재로 보였기 때문에 예수님을 인정할 수도 없었고 오히려 유대교를 무너뜨리는 존재로 보았기 때문이다. 그렇다면 무엇이 예수님을 메시야로 보지 못하게 했고 부인하며 예수님을 십자가에 처형하는 지경에 이르기까지 행동했던 것인가? 예수님이 유대인들을 보았을 때는 하나님의 뜻과는 상관없이 그들은 율법의 조항을 지키고 있었을 뿐이지 율법의 가장 중요한 핵심이 되는 정신은 이해하지 못한 결과의 행위들이었던 것이다. 유대인들은 율법을 철저히 지키는 행위에만 초점을 맞추고 살아왔고 그 행위를 신앙의 실체로 받아들이며 살아왔던 것이다. 다시 말해 당시의 유대인들은 율법에 대한 바른 이해 없이 이스라엘이 역사의 한 비극을 겪었던 바벨론 포로생활로 인한 트라우마의 바탕으로 자신들의 분명한 정체성을 지키기 위해 만들었던 것이 유대교 율법이다. 이 율법은 결국 유대인들의 시야를 가리우게 만들어서 자신을 구원하러 오는 메시야를 오해하게 만들었고 타락된 행동으로 나타나게 되었던 것이다. 이들이 이러한 오해 속에 시야가 가리워진 행동을 할 수 밖에 없었던 배경에는 바벨론 포로생활의 종살이의 상처로 인한 쓴 뿌리에 바탕을 두고 있었다. 유대인들은 바벨론 포로생활을 하면서 뼈아픈 고통을 겪으며 다짐했던 것이다. 이제 우리는 철저히 하나님의 택한 백성으로 살아야 한다는 의식 속에 종교 강화정책으로 만들어진 것이 유대교 율법이었다. 유대교 율법은 이처럼 이스라엘 백성들의 포로생활이란 상처로 얼룩진 트라우마를 겪은 바탕에 의해 만들어진 것이다. 이것은 마치 우리가 가정 안에서 부모들로부터 상처와 고통을 겪은 아픔으로 부모님처럼 살지 않겠다는 트라우마로 내안에 만들어 놓은 블랙박스와 같은 것들이다. 앞에서도 언급했던 것처럼 이 블랙박스의 기준으로 사는 것은 자신을 속이는 삶을 살게 될 뿐만 아니라 결국은 멸망의 길로 갈 수밖에 없는 지경에 이르게 된다.

이는 결국 트라우마의 아픔으로 왜곡된 사고가 형성된 것이었고 유대교의 타락된 행동에 나타났던 모습들은 바른 이해가 없는 오해로 말미암아 생겨진 그들 스스로의 올무에 매인 행위 중심적 신앙과 율법주의 신앙으로 가려진 시야로 말미암아 변질되었던 것이다. 유대교와 예수님과의 관계에서 보여 주는 현실적인 사례가 오늘날 믿음을 갖고 살아가고 있는 현대 그리스도인들의 신앙생활 속에서도 유대교가 범했던 오해의 사고로 말미암아 가려진 시야로 잘못된 신앙의 길을 걷는 사람들이 교회 안에서도 분명히 있을 수 있다는 것을 확실히 증명해 보이고 있는 것이다.

오해와 이해의 관계성

우리 인간은 사회적 동물이다. 함께 더불어 살아가기 위해서는 서로를 알아야 하고 자신의 참 자아의 발견을 통해 하나님을 알고 자신을 알고 사람을 알아야 바른 이해 속에 정립된 인생관, 가치관, 신앙관을 더 풍성하고 건강한 삶으로 살아갈 수 있다. 올바른 사고는 서로에 대한 이해와 신뢰가 깊어지는 관계를 지속적으로 유지해 갈 수 있게 된다. 함께 살아가면서 꾸준한 노력과 시간을 통하여 작은 것부터 성실하게 만들어가는 것이 중요하다. 하지만 다른 사람의 마음을 이해하기란 결코 쉬운 일은 아니다. 단순히 노력이라든가 성의만의 문제는 아니다. 가장 심각한 경우는 타인의 감정을 느끼는 능력이 거의 없는 사람들도 많다. 평범한 사람도 때때로 다른 사람들이 무서울 정도로 이해가 되지 않는 때도 있다. 그러나 우리의 능력을 최대한 발휘하기 위해 노력할 수 없는 것은 아니다. 우리가 타인이나 자신의 마음을 이해할 수 없는 이유들이 무엇이 있는지 살펴보는 것도 중요한 부분이다. 서로의 관계에서 오해를 유발시키는 원인이 분명히 있게 마련이고 일반적으로 대부분의 사람들은 그 부분까지 마음을 돌아보며 회복하려고 하지 않는 것이 안타까움이다.

상담센터를 찾아오는 내담자들의 한결같은 반응은 당연히 현실적인 문제의 발생원인이 있기 때문에 찾아오게 된다. 이유와 원인을 불문하고 일단 지금 자신이 겪고 있는 문제의 아픔과 고통들을 어떻게 해결할 방법이 없을까 하여 도움을 구하러 오는 것이다. 상담의 내용은 각양각색의 내용들이지만 본인이 받은 상처의 내용이나 문제에 대한 상담치유를 경험하고 나면 동일하게 나타나는 현상을 발견하게 된다. 근본적인 원인은 대부분 오해와 이해의 차이에서 발생하고 있다는 것을 본인 스스로 깨닫고 인식하게 되면서 회복의 길로 접어들게 된다. 쉽게 표현되는 것 같지만 여러 사건들, 문제들의 배경 속에 나타나고 있는 오해와 이해의 갈등은 시간이 흐를수록 뿌리는 깊어져 간다는 사실이다. 우리는 단순히 오해와 이해를 문자적인 측면에서만 받아들이고 아는 것으로 끝내서는 안 된다. 오해와 이해의 문제를 풀어내기까지는 그 속에 숱한 고통과 상처의 아픔들이 우리의 삶을 혼란스럽게 만들어 놓은 상태에서 일어난 일들이기에 쉽게 풀어지지 않는 베일에 감추어져 있기 때문이다. 이런 문제는 어느 특정인의 스토리가 아니라 우리 모두의 삶의 이야기이고 인생 속에서 흘러나오고 있는 것들이다.

오해의 진실을 찾으려면

사회생활이나 특히 신앙생활을 하다 보면 공동체 안에서도 적지 않은 오해나 모함을 받게 된다. 뻔한 거짓말로 누군가를 모함하는 사람을 보면, 결국 진실이 밝혀질 게 분명한데도 왜 그런 행동을 하는지 궁금하기도 하다. 더 고통스러운 것은 하나의 오해는 꼬리에 꼬리를 물어 새로운 오해를 낳게 된다. 그런데 정말 절망적인 순간은 따로 있다. 그것은 오해가 풀린 다음에도 사람들이 여전히 편견의 색안경을 낀 채 나를 바라보는 것이다. 그럴 때 진실이 밝혀졌으니 이제는 그동안의 설움과 외로움에서 벗어날 수 있다고 믿었던 자신이 어리석게 느껴지기도 한다. 아무 일도 없었던 것처럼 예전으로 돌아가기란 너무나 어렵다. 마치 한번 깨진 그릇은 붙여놓아도 금이 간 채로 남는 것과 같다. 과연 오해가 풀어지고 진정한 이해의 관계 속에 정리가 되었다면 이럴 수가 있을까?

이렇게 되면 오해를 받더라도 더 이상 아무 해명을 하지 않게 된다. 왜냐하면 그 누구도 진실에는 관심이 없다는 것을 배웠기 때문이다. 사람들은 정의감에서 누군가를 증오하지 않는다. 대개의 경우 사람들은 자신의 자존심을 건드리거나 자신에게 도전을 한 경우 그 순간부터 상대를 판단하고 비난하기 시작한다. 사람들은 진실을 알아도 그것 때문에 그 사람에게 호의적으로 행동하거나 그 사람 편을 들어주지 않는다. 그들이 손을 드는 쪽은 언제나 이해관계에서 자신에게 도움이 되거나 호의적인 사람인 것이다. 이런 경우는 우리 주변에서 비일비재하게 경험할 수 있는 일이다. 옳고 그름은 다음 문제이고 나에게 유익하면 좋은 것이고 유익하지 않으면 관심 밖의 일로 끝내버린다. 왜 우리는 같은 사람을 두고 저마다 다른 판단을 할까? 가치관이나 의식의 차이 때문일까? 이것을 사회심리학에서는 사람들이 가설검증 바이러스에 걸려 있기 때문이라고 설명한다. 사람들은 자신이 무엇에 대해서 판단하면 그것이 옳다고 미리 생각해 버린다. 그리고 그 가설들을 검증해 줄 수 있는 정보만을 선택해서 받아들이고, 나머지 정보는 무시하거나 받아들이더라도 쉽게 잊어버린다고 한다.

세상에는 인양되지 못한 채 거대한 바다 속으로 사라져 버린 '실종된 진실'들이 얼마나 많을지 생각해 본다. 그 거대한 바다란 우리의 무관심과 이기심, 또는 어쩔 수 없는 인간의 한계일 수도 있다. 사람은 제한된 정보를 갖고서 합리적인 판단을 하는 데 한계가 있다. 그런 우리가 누군가에 대해 편견을 갖고 그것을 고집하기는 얼마나 쉬운지 모른다. 하지만 그 피해자가 나 자신일 수 있다. 타인의 행동 이면까지 이해할 수 없더라도, 겉으로 드러난 행동만으로 누군가의 인격을 정의한다는 것은 정당하지 못하다. 그것은 오직 신의 영역에 속한 일이기 때문이다.

이러한 상황에서 우리가 정리할 수 있는 것은 누구나 오해와 이해의 과정 속에 들어갔다, 나왔다 할 수 있다는 것이다. 그러나 이런 삶이 되풀이되는 것 자체가 불편하고 고통스러운 것이다. 먼저 문제의 배경을 이해하는 것이 중요한데 현실적인 관점에서만 다루다 보면 하나의 징크스로 우리에게 남아 있거나 낙인되어 있다는 것이다. 그러므로 바른 이해를 할 수 있는 유일한 길이 있다면 오해와 이해의 문제 속에서 우리는 하나님 앞에 서로를 직면해야 된다는 것이다. 그래야만 관계 이면에서 나타나고 있는 영향력에 대한 실체를 인식하게 될 것이다. 이러한 문제는 단순히 사람에 대한 문제가 아니라 사람의 의식을 왜곡되게 하며 오해하게 만드는 근본 문제를 발견할 수 있게 된다. 이 시점에 이르러야 그동안 서로에게 주었던 상처의 흔적들이 사라질 수 있는 것이다.

인간적인 관점에서 서로에 대하여 오해했던 부분을 풀었다고 했지만 그것은 단지 감정 정리를 했을 뿐이지 감정을 지배하는 의식들은 정리를 하지 못했기 때문에 앞서 말한 바와 같이 정말 진실된 관계의 회복을 원하지만 실제로는 해결되지 않는 감정의 뿌리는 남아 있는 것이다. 사실 바른 이해는 여기서부터 정립되어 가면서 서로에 대한 신뢰를 쌓아 가는 일을 지속적으로 해 나갈 때 더 건강한 관계의 삶을 유지하게 된다. 여기서 언급하고 싶은 말은 오해를 해결하는 길은 상대방의 바른 이해가 될 때 자동으로 나타나는 반응이라는 사실이다. 오해를 풀려고 하는 것이 아니라 오해는 자연스럽게 풀어지게 되는 것이다. 상대방과 나 사이에 오해를 일으키고 있는 실체를 이해하고 그 과정 속에 하나님의 개입이 주어질 때 우리 서로는 관계 파괴의 주범으로부터 해방되는 자유를 경험하게 된다.

서로의 약함이 친밀함이다

이해가 주어진 마음 안에는 자연히 긍정적 마음이 살아나게 된다. 긍정적 마음이 주어지면 상대방이 용서되고 상대를 인정하게 된다. 그리고 관계의 중요성을 인식하면서 자신 안에서 먼저 변화를 경험하게 될 것이다. 이것이 흔히 기독교 안에서 말하는 묶임과 매임을 푸는 길이요 용서와 회개의 역사가 나타난 현장이 되는 것이다. 여기서 말하는 회개는 자기 자신에 대한 용서라고 말하고 싶다. 그렇게 살아올 수밖에 없었던 자기 자신을 제대로 만나면서 자신에 대한 용서가 일어나는 반응이 회개이다. 사실 우리는 이런 회개의 구체적인 고백 없이 겉으로 드러난 문제의 테두리에서 뱅뱅 맴도는 회개 아닌 회개를 하고 온 것이다. 참된 회개는 진정한 자기발견으로부터 시작되는 것이다. 이처럼 중요한 경험과 기회는 사실 우리에게 쉽게 경험할 수 있는 문제가 아니기에 베일에 감추어진 것이라고 앞서 표현했던 것이다. 하나님은 우리 주변에서 반복되는 사건이나 문제들을 통해 결국 우리 자신 스스로를 보게 하는 길로 인도하고 계신 것이다. 이것이 믿음이고 신앙이다. 성경에 나오는 예수님의 제자 중 베드로의 삶을 통해서 우리는 그 교훈을 찾을 수 있다. 베드로는 예수님을 따르는 제자들 중에서도 으뜸가는 제자라 할 정도로 열심히 주님을 따랐던 제자였다. 그러나 베드로의 일생을 통해 돌이켜 보면 예수님의 사역 현장에서 베드로는 자기 자신도 잘 알지 못하는 많은 실수를 하면서도 그 실수가 무엇을 잘못하는 것인지 알지 못하고 주님을 따랐던 것이다.

예수님이 마지막 십자가의 처형을 당하기 전 가야바 법정에서 있었던 예수님과 베드로의 극적인 만남의 장면에서 우리는 인간 배신의 극치를 마주하게 된다. 그렇게 열심히 누구보다도 앞장서서 따르던 수제자 베드로가 보여 준 예수님에 대한 절대적인 부인, 그것도 세 번씩이나, 예수님과 같은 공간 안에 있으면서 말이다. 이 사건을 통해 우리가 볼 수 있는 것은 실제의 내 모습이라는 사실이다. 예수님은 사실 베드로 스스로가 자신을 볼 수 있는 자리까지 3년이란 긴 시간을 보내면서 오신 것이다. 그전에 예수님은 베드로의 이런 모습을 몰랐을 리는 없다. 왜 긴 시간을 기다렸을까? 예수님은 베드로 자신 스스로가 자기 모습의 실체를 보면서 고백할 수 있는 날을 기다렸는지도 모른다. 성경의 기록을 빌리자면 베드로는 예수님이 말씀하셨던 그 말씀이 생각나서 자신 스스로 양심의 가책을 느끼고 심히 통곡했다고 기록하고 있다. 중요한 것은 이 극적인 장면에서 놀라운 반전이 일어난 것이다. 베드로는 자신의 실제 자기 모습을 보면서 스스로에게 실망해서 통곡을 하고 있었는데 예수님은 베드로의 그런 모습을 보면서 질책이나 책망을 한 것이 아니라 성경에 기록으로는 나와 있지 않지만 예수님의 표현은 이랬을 것 같다. "이제 됐다. 베드로야! 이제 알겠느냐, 그게 바로 너의 모습이야 난 그동안 너 스스로가 그러한 고백을 할 수 있는 날을 기다려 왔단다. 이제 됐다" 그 후 예수님은 베드로에게 스스로에 대하여 고민할 수 있는 시간을 주셨다가 그 후 디베랴 바닷가로 베드로를 찾아간 것이다. 주님을 볼 수 없는 베드로였지만 자신의 모습은 비록 부족하고 추한 모습일지라도 마음 안에는 누구보다도 주님을 사랑하는 뜨거운 마음이 있다는 사실을 주님도 알고 계셨기에 자신을 올바르게 볼 수 있는 시간들이 베드로에게는 필요했던 것이다.

우리 자신도 베드로와 다를 바 없다. 말하자면 나를 올바르게 볼 수 있는 이런 기회가 예수님에게는 어떤 신앙고백보다도 더 중요했던 것이다. 주님을 사랑하는 마음은 크지만 주님을 도저히 쫓을 수도 없고 따를 수도 없는 자신의 실체를 올바르게 보는 것이 진정한 주님과의 인격적인 관계를 이루는 것이다. 우리에게는 과연 나의 이런 치부와 추함을 드러내는 사건과 현장은 있었는지 돌아보고 고백하는 시간이 있었으면 한다.

사역을 해 오다 보면 오랜 세월을 함께 해 온 분들 중에서 누구보다 더 열심이고 부지런하고 앞장서서 봉사도 잘하시는 분들에게 고마움도 있지만 사역적인 관계로서만 이어가는 것보다 더 중요한 것은 하나님과의 관계가 바르게 세워지는 분들이 더 소중하다는 것이다. 이러한 일들은 주변에서 일어나는 사건이나 문제를 통해서 진정한 자신을 찾아가고 발견해 가는 기회가 되어야 한다는 것이다. 바른 신앙은 나의 열심만으로 자신 내면의 수치를 덮을 수는 없는 것이다. 한 공동체를 섬기면서 주변 사람들과의 관계를 통해서 자기 자신에 대하여 자학하고 열등의식에 빠지는 것이 아니라 그런 모습 그대로 주님 앞에 자신의 모습을 세우는 것이 베드로를 통해서 보여 준 것처럼 주님은 오히려 우리를 향하여 안도의 미소를 지을 수 있게 될 것이다. 사실 이것이 우리를 향해 주님을 찾아오도록 만드는 기회가 될 것이기 때문이다. 이런 모습으로 회복될 때 공동체 생활과 관계는 더 풍성해질 것이고 이해의 폭은 더 넓어져서 우리를 용서해 주시고 귀한 사역으로 불러주신 은혜의 감격에 풍성히 잠길 수 있게 될 것이다.

현대를 살아가는 그리스도인들에게 발견된 자신의 모습을 통해 세상을 향해 나아갈 때 진정한 이웃에 대한 이해의 첫걸음이 시작될 것이다. 단순히 종교로 인한 편견을 가지고 가는 것이 아니라 사람을 이해하고 바라보는 관점 또한 다를 것이기 때문이다. 특히 그리스도인들은 어느 때보다도 이러한 삶이 너무 소중하다는 책임의식으로 느끼며 살아야 한다. 왜냐면 현대사회는 과잉 정보량과 기술의 발달로 인해 현대인들은 사람과 사람 사이의 연결을 소홀히 하는 경향이 있기 때문이다.

소셜 미디어와 스마트폰의 보급으로 우리는 가상 세계에 빠져 현실 세계에서의 소통과 소통의 중요성을 간과하기 쉽다. 또한, 급변하는 사회와 경제적인 압박으로 인해 우리는 자신의 이익과 성공에만 집중하게 되고, 다른 사람들의 필요와 감정을 무시하는 경향이 우리 주변 곳곳에서 나타나고 있는 현상을 보게 된다. 이런 때일수록 우리는 열린 마음과 귀를 가지고 주변과 세상을 향해 이해와 공감의 필요성을 인식하고 실천해야 한다. 특히 이런 일들은 교회 안에서 일어나야 될 시대적 사명이고 과제임을 인식하는 데부터 출발해야 한다. 요즘처럼 활성화된 조직이나 문화 속에서 그리스도인들은 넓은 마음으로 이해와 공감은 상대방의 감정과 경험을 이해하고 공유하는 과정이다. 이를 통해 상대방의 입장을 이해하고, 그들의 감정에 공감할 수 있으며, 서로에게 따뜻한 지지와 위로를 제공할 수 있게 된다. 성경에서 말하는 너희는 세상의 빛이요 소금이라는 표현은 이런 관계 안에서 일어나는 현상이 아닐까 하는 생각을 해 보게 된다.

히브론을 향하여 가는 길...

3부

세
상
을
 보
면
서
 가
는
 길

중독세상과 인생 과제해결

미디어 중독세상

중독은 이제 우리 사회에 흔한 단어로 자리 잡고 있다. 게임 중독, 알코올 중독, 도박 중독, 쇼핑 중독, 스마트폰 중독, 이제는 유튜브 중독까지, 어디에도 중독이란 단어를 붙여도 낯설지 않다. 중독을 없애고자 하는 사람들이 오랜 기간 투쟁해 왔음에도 그 영향력은 여전하다. 도대체 무엇이 사람들로 하여금 중독에 빠져들게 만드는 걸까? 도대체 중독을 해결할 수 있는 방법은 없는 걸까?

지하철이나 버스를 타면 볼 수 있다. 수많은 사람들이 휴대폰을 넣놓고 보는 모습을. 발 디딜 틈 하나 없는 만원 지하철에서 모두들 약속이나 한 듯이 휴대폰을 보고 있다. 어느새 아주 평범한 일상처럼 느껴진다. 주식 호가 창을 유심히 지켜보는 사람, 유튜브 방송을 보고 있는 사람, 게임을 하고 있는 사람, 다양하다고 느낄 수 있지만 공통점은 있다. 감정이 사라진 맹한 표정. 이런 비슷한 표정은 정선 카지노나, 아니면 슬롯머신 앞에 앉아 있는 모습 속에서도 볼 수 있다. 대다수의 표정은 비슷하다. 무채색이 어울리는 무덤덤한 표정들이다.

중독에 빠져드는 세상

중독은 빠르고 반복적인 형태로 뇌에 쾌락적 보상을 주기 때문이다. 사실 반복되는 일상 속에서 개인이 느낄 수 있는 즐거움은 제한적이다. 쉽게 지루함을 느낄수록 새로운 걸 원하는 마음도 커지기 때문에 계속 만족하기는 더더욱 어렵다. 쉽고 빠르게 그리고 반복적으로 자극을 느낄 수 있는 무언가는 매혹적이다. 하지만 개인적인 동기만으로는 부족하기 때문에 중독을 이용하는 사람들도 있기 마련이다. 담배, 술, 설탕 등 전통적으로 중독을 불러일으킨 주인공들은 이미 악영향에 대해서도 많이 알려져 있다. 최근에 생긴 스마트폰, 디지털 세상에서 유혹하는 중독은 좀 더 위험할 수 있다. 명확하게 악영향을 끼치는 물건들과는 그 성격부터 다르기 때문이다. 스마트폰의 주된 위험은 개인적 대화, 수면, 운전, 공부, 사색, 운동, 일로부터 끊임없이 주의가 분산되는 것이다. 기기들이 불을 반짝이거나 진동하기만 해도 모든 종류의 온라인 접속과 마찬가지로 주의가 분산된다. 언젠가부터 긴 텍스트를 읽으며 몰입하는 시간이 줄어들었다. 조그만 스마트폰이 끊임없이 알람을 보내왔기 때문이다. 아이가 계속해서 관심을 얻기 위해 울듯이, 스마트폰은 우리의 관심을 앗아간다. 집중이 점점 힘들어지는 이유다. 이처럼 우리 사회는 지금 쓰나미처럼 몰려오는 중독의 물결에 그 어떤 대비책도 없이 중독에 빠져들고 있는 중이다.

정보사회를 접어들면서 우리가 중독에 빠지는 대상들이 거의 대부분 투자가치와 쾌락자원과 관련이 있다는 점은 주목할 만하다. 인간이 그런 자극에 선천적으로 취약한 이유도 있겠지만 반대로 그런 재화나 서비스에 대한 생산과 소비가 없었다면 현대사회에서 나타난 다양한 중독 문제는 발생하지 않았을 수도 있다.

인터넷과 중독의 배가

이제는 그 누구도 현대를 살아가는 사람들이라면 인터넷은 정치, 경제, 사회, 문화 등 거의 모든 삶의 영역에서 없어서는 안 될 중요한 도구로 자리 잡고 있다. 우리나라의 경우, PC방의 급속한 확산으로 일반인들에게 빠른 속도로 보급되었다. 그러나 인터넷 이용이 증가함에 따라 문제점 또한 증가하고 있다. 그중에서 사회 문제로 대두되고 있는 것이 인터넷 중독이다. 인터넷에 지나치게 몰입함으로써 심리적·정서적인 문제뿐만 아니라 학업, 성격 등에 부정적인 영향을 받고 사회적인 기능 손상을 가져오는 등 문제가 심각해지고 있는 것이다. 인터넷 중독에는 채팅 중독, 게임 중독, 음란물 중독 등이 있다. 인터넷으로 상징되는 정보화는 우리에게 새로운 문제들을 보여 준다. 정보화 사회는 인간을 더욱 고립적이며 폐쇄적 공간 속으로 밀어 넣어 소외시키며, 다른 사람과 더불어 살아가면서 지켜야 할 본성을 잃어버리게 한다. 정보의 독점이나 오보된 정보로 다른 사람에게 엄청난 고통을 겪게 하며, 면대 면의 인간관계가 아니라 이기적 관계를 만들기도 한다. 인터넷은 가상공간의 다양한 존재들을 연결하는 유용한 정보소통 수단이지만, 인간을 익숙한 주변으로부터 단절, 소외시키는 역할도 한다.

인터넷으로 인한 영향력은 우리를 새로운 질병의 시대로 맞이하도록 이끌고 있다. 초고속 인터넷과 PC방 등의 확산에 따라 과도하게 온라인 게임과 채팅 등에 빠져든 사람들 사이에는 현실의 실질적 대인관계를 기피하거나 현실과 사이버 공간을 구분하지 못하는 정신 질환마저 발생하고 있다. 인터넷 활동에 지나치게 몰입, 현실을 등한시해 학업이나 직장, 결혼, 대인관계에 문제를 일으키는 경우다. 사람들은 홀로 고립된 환경에 머물면서 대면하는 인간관계 대신 멀티미디어와 인터넷을 통한 대리 관계를 즐기며, 자신이 원치 않을 때는 언제라도 일방적으로 '오프라인' 상태로 빠져나올 수 있는 극도의 분화된 삶 속에 살고 있기 때문이다. 대면하는 인간관계는 점차 줄어들고, 대화와 토론은 의미를 잃어 가고, 오직 순간적 발상과 즉흥적 충동과 함께 멀티미디어 기기에 의한 종속이 일어나고 있다. 본질에 기초해 진정한 삶의 행복을 찾기보다는 신속성, 편리성에만 편중되는 이러한 삶의 방식은 우리가 소중히 지켜온 '더불어 살아가는 삶'의 소중함과 가족 등 공동체 문명의 붕괴로 이어진다고 해도 과언이 아니다.

뿐만 아니라 인터넷은 중독을 부추길 위험성이 농후하다. 게임 중독, 인터넷 및 컴퓨터 중독, 도박 중독, 그리고 채팅 중독, 홀로 소외와 고립을 자초한 관계의 중독, 가상공간에서의 성 중독 등 헤아리기 어려울 정도다. 이런 소외와 불평등의 현상은 반드시 정보의 문제는 아니지만, 그런 상황에서도 부차적으로 발생할 수 있다. 인터넷 중독의 실제화는 코로나 19를 접하면서 모든 것이 극에 이르게 했다. 대면이 어려운 환경에서 인터넷이면 무엇이든지 해결되고 가능한 것으로 받아들여지는 생활구조를 경험을 하게 만들었다. 오히려 코로나 19가 인터넷의 소중함을 더 느끼게 만든 결과까지 초래했다. 문제는 인터넷이 없으면 모든 게 마비가 될 지경에까지 우리는 이르렀다. 물론 인터넷의 문화가 우리 사회에 주는 놀라운 시스템의 편리함은 우리 스스로를 감탄시킬 정도였기 때문이다. 항상 시대의 흐름에 나타나는 모든 문화들이 통제가 안 되고 길들여져 버린 채 자신과 주변과의 모든 관계를 잃어버리고 혼자만의 세계에 빠져드는 고립과 은둔의 생활도 함께 나타나고 있기 때문이다. 우리가 사는 세상은 함께 더불어 살아가야 하는 사회공동체이다. 문화로 인한 편리함이 그보다 더 소중한 인간관계의 파괴, 인격의 파괴, 개인의 삶의 파괴로까지 나타나는 모습들은 우리 모두가 함께 해결해야 될 중요한 시대적 과제이다.

다음세대 청소년들의 게임 중독

우리는 '중독'이라는 단어를 일상에서 대수롭지 않게 사용해 왔다. 특정한 부분에 관심이 지나치다 싶을 때 사용했던 가벼운 표현 정도로 여겨왔었다. 실제로 심각한 중독의 문제를 겪고 있는 특정 부류의 사람들을 주변에서 찾아보기가 쉽지 않았기 때문이다. 그러나 현재를 살아가고 있는 우리에게 다가와 있는 '중독'은 그리 가볍지도, 특정한 부류에 국한되지도 않는 단어이다. 알코올, 흡연, 약물과 같은 물질중독을 넘어서 인터넷, 게임, 도박, 스마트폰 등 행위 중독의 심각성을 알리는 소식들을 어렵지 않게 접할 수 있는 상태가 되었다. 지금 이 시간에도 보이지 않는 곳에서 수많은 청소년들은 스마트폰의 영향으로 게임 중독과 도박 중독, 성 중독의 위험에 직간접적으로 노출되어 있다. 스마트폰을 통한 음란물 중독, 성 중독의 위험은 일반인들이 생각하는 수준의 그 이상에 다다랐다. 이제는 학교에서의 획일적 잣대가 아닌 또 다른 세계에서의 대체적 자아실현을 위한 도구처럼 되어 있다. 온라인 게임을 단순히 즐기는 것이 아니고, 중독 상태에 이르면 그 피해의 심각성은 생각보다 크게 나타날 수 있다. 가상 공간과 현실의 구분이 헷갈리는 수준에까지 게임에 빠져 생활에 지장을 받을 정도다. 또한 폭력성과 공격성을 증가시키고, 신체적인 문제와 더불어 사회적 부적응을 초래한다. 이 같은 현상은 결국 인간관계 단절이라는 극단적인 결과를 낳을 수 있다.

지방에서 찾아온 내담자 가족의 경우 아들의 인터넷게임 중독으로 가족관계에 영향을 받고 있었으며 이로 인한 가정 분위기는 심각한 상태였다. 아버지는 체육교사였지만 아들의 게임 중독 문제를 해결할 방법을 찾을 수가 없어 고민 끝에 상담센터를 방문했다. 내담자(어머니)마저도 이제는 아들의 얼굴을 마주 보는 게 무섭고 정신적인 스트레스가 너무 심해 불면증의 고통까지 겪고 있는 상황이었다. 게임 중독에 빠진 아들의 심각성은 극에 달한 상태였다. 저녁식사 시간에 밥상을 차려 놓고 몇 번을 불러도 아들이 방에서 게임하느라 나오지 않아 아들의 방문을 열고 밥 먹자고 방문을 열어 보니 아들이 갑자기 고개를 돌려 엄마를 향해 쳐다보는 그 눈빛은 사람의 눈빛이 아니라 소름이 돋을 정도의 무서운 눈빛이었고 아들은 자리에서 일어나 자신이 앉았던 의

자를 들고 어머니를 향해 던질 액션까지 취하는 행동을 보고 놀란 어머니는 충격으로 그 자리에서 쓰러졌고 응급실에 실려가는 사태까지 이르렀던 것이다 이처럼 게임 중독에 깊이 빠져들면 이성을 잃어버리게 되고 현실 파악이 되질 않아 충동적인 감정의 포로가 되어버린다. 중독은 청소년들의 인생을 망칠 수 있는 크나큰 부작용의 영향력 아래 있게 한다. 물론 개인에 따라 잠시 일탈 차원에서 게임이나 도박에 빠졌다가 다시 학업과 일상으로 돌아가기도 하지만 그러나 고위험군 중독자는 게임 중독, 도박중독 등에서 벗어나지 못한 채 스스로 사회로부터 격리되는 불행한 삶을 살게 된다. 중독 위험군의 청소년들은 각종 중독을 극복하지 못하는 고통을 넘어서 청소년을 대상으로 하는 사행성 게임과 도박, 마약 중독의 범죄와 연결되는 사회적 문제에까지 이르게 되는 경우도 발생하게 된다. 현재 기성세대가 청소년들의 중독문제를 바르게 해결하지 못한다면 중독의 위험군에 방치된 청소년들의 밝은 미래는 없다고 할 만큼 청소년 중독문제는 광범위하고 심각한 상황이 되었다. 우리나라는 중독공화국이라 불릴 정도로 심각한 중독문제에 당면해 있는 현실을 직시해야 한다. 한창 건강하게 성장해야 할 중요한 시기에 있는 청소년들이 각종 중독의 위협에 노출되어 있다는 사실을 인정해야 한다. 한번 중독이 되면 평생에 걸쳐 전문적인 도움을 받아야 할 정도로 회복이 어렵다. 더 늦기 전에 우리 사회에 만연하고 있는 각종 중독의 피해로부터 청소년들을 보호하고 예방하는 일을 통해 중독 없는 건강한 사회를 회복하는 일에 관심을 가져야 할 것이다.

쇼핑 중독

마음이 허전하거나 스트레스를 받을 때 주로 무엇을 하시나요? 반복적인 일상에서 벗어나고 싶거나 스트레스를 받을 때 저마다의 탈출구를 찾는 방법이 존재한다. 친구들을 만나 수다를 떨면서 스트레스를 해소하는 분도 있고, 운동이나 산책으로 활력을 얻는 분도 있겠지만, 게임을 하거나 쇼핑을 하기도 한다. 특히 쇼핑을 통한 스트레스 해소는 미디어를 통해서도 쉽게 접근할 수 있는 우리 사회의 구조나 환경들이 탁월하게 시스템화 되어 있다. 우리의 현실 속에 쇼핑이 이렇게까지 쉬웠던 적이 없었다. 인터넷을 통해 원하는 품목을 장바구니에 넣고 결제 버튼만 누르면 당일에도 택배를 받을 수 있게 되었다. 코로나19 이전부터 인터넷 쇼핑은 빠르게 증가하는 추세를 보였다. 코로나19로 인해 외출이 줄어들고, 집에 머무는 시간이 증가하며, 사람들의 인터넷 사용 시간 또한 급증하였다. '바로 구매' 버튼과 같은 편리한 온라인 쇼핑 시스템과 전염병으로 인한 일상생활의 변화는 충동구매를 하기 쉬운 사람에게는 너무나 적합한 조합으로 만들어져 있다. 현대 사회에서 쇼핑 중독은 강력한 위협으로 부상하고 있다. 소비문화가 급속하게 확산되면서 많은 사람들이 자신의 가치를 물질적 소유물을 통해 판단하게 되었다. 쇼핑 중독은 단순히 소비 행위를 넘어 개인의 삶 전반에 영향을 미치는 문제로 대두되고 있다. 쇼핑 중독은 심리적, 사회적, 경제적 영향을 함께 불러온다. 쇼핑 중독자는 자신의 감정을 해소하기 위해 쇼핑을 하게 되는데, 이는 감정적인 안정을 찾는 데에만 의존하기 때문이다.

이로 인해 자아 존중과 자존감이 손상되고, 자아실현을 위한 진정한 가치 찾기가 어려워진다.

어릴 적 아버지의 부재로 인한 사랑의 결핍으로 쇼핑 중독에 빠져 인생의 감당키 어려운 고통을 당했던 내담자의 상담고백이다. 내담자의 아버지는 주로 외부활동으로 삶을 사셨던 분이셨다. 지방근무부터 시작해서 경우에 따라서는 해외 파견근무까지 어릴 적부터 아버지는 계셨지만 가족과는 늘 떨어져 있는 상태에서 지내온 내담자의 삶이었다. 허전하고 공허한 마음을 억눌러온 감정의 충동은 성인이 된 이후 쇼핑 중독의 매력에 빠져 있었다. 내담자가 대기업 제품을 판매하는 매장을 운영하면서 판매된 상품의 대금을 거래처에 입금하지 못하게 되면서부터 문제는 나타나기 시작했다. 상품 공급처로부터 입금에 대한 압박을 받기 시작한 것이다. 쇼핑 중독의 영향으로 해결하지 못한 물질의 문제는 눈덩이처럼 커져가고 있었던 것이다. 내담자는 이에 아랑곳하지 않고 생각 없이 시간만 되면 백화점을 찾았고 감정의 욕구를 채우기 위해 쇼핑을 하게 된 것이다. 시간이 흐를수록 쇼핑의 매력과 통제되지 않는 이성을 초월한 행동은 점점 더 깊이 매료되어 빠져들게 되었던 것이다. 그때부터 내담자의 일상은 백화점을 가지 않으면 왠지 불안하고 허전해서 견딜 수 없을 정도로 힘들었다고 했다. 채워지지 않는 허전하고 공허한 마음을 달래기 위해 뭔가를 소유해야만 했고, 그래야만 안정하는 생활습관으로 젖어들고 있었던 것이다. 시간이 흐를수록 씀씀이는 과소비로 이어졌고 구매한 상품들은 사용도 하지 않은 채 집 안에 하나 둘 쌓아 놓았다. 결국 본인 스스로 해결할 수 없는 지경에 이르게 되면서 공급처로부터 경제사범으로 고발을 당하게 되었다. 나중에 알게 된 사실은 내담자의 집에 방문했을 때 방 안에 가득 차 있는 사용도 하지 않은 물건들, 상품의 가격표도 떼지 않은 상태의 명품가방, 옷, 신발, 액세서리 등 여덟 박스나 처리했었다. 이처럼 마음이 허전하여 쇼핑을 하는 경우가 있는데 이는 정서적 허전함에 대한 일종의 '보상'으로 생각한다. 마음이 공허하다는 것은 복합적인 상태를 말하지만 보통 기분이 울적하고 적절한 보상 자극이 없다는 생각에 의해 이러한 감정을 느끼게 된다. 이때 쇼핑은 물건을 구매한다는 실용적 가치뿐 아니라 기분을 좋게 만드는 정서적이고 쾌락적인 기능을 하게 된다.

기분을 좋게 만들어 주는 쇼핑이라고 하지만 뭐든지 과하면 탈이 나기 마련이다. 실제로 외로움이나 공허함이라는 감정을 쇼핑으로 해결하려고 하다가 쇼핑 중독에 빠지는 사람도 많다. 중독은 일종의 강박으로 폭식, 폭음 등과 함께 충동조절장애에 속한다. 쇼핑 중독은 충동과 감정 조절에 관련되는 세로토닌, 도파민 등의 신경전달물질이 불균형하게 되어 생긴다고 한다. 특히 보는 순간 기분이 좋아지거나 허전함을 채우는 듯한 욕구가 급격히 생기는 물건에 대해서 억제력을 상실하게 되어 충동구매를 하게 된다. 또한 재정적인 부분에서 이성적 판단을 흐리게 하면서 충동적인 구매는 순간적인 만족을 줄진 몰라도 이후에 후회가 따를 수 있다는 것을 알면서도 절제가 되지 않는다. 쇼핑 중독의 영향력은 성장 환경과 심리적인 요인도 많은 원인제공을 한다. 그러한 이유로 우울증이나 불안장애를 가진 사람에게서 쇼핑 중독이 많이 나타나는 경우도 있다. 부정적인 감정을 쇼핑이라는 행위로 해소하기 때문이다. 쇼핑 중독은 자존감이 부족한 사람에게도 나타나기 쉽다. 명품

등의 물건을 사면서 자신의 존재와 가치를 입증하려 하기 때문이라고 도 한다. 그러나 소비의 양을 늘린다고 해서 결코 행복해지지 않는다는 사실도 인식해야 한다. 물질에 대한 투자에서 오는 일시적인 만족보다 는 장기적인 관점에서 자신의 목표나 동기부여를 통한 보상을 극대화 할 수 있는 심리적 만족을 우선시해야 한다는 것이다.

마약 중독

가옥의 나무 들보가 썩어 들어가듯이, 마약은 사회 구조 전체를 좀먹 는다. 인간 사회가 제대로 기능을 발휘하려면, 행복한 가정, 건강한 일 꾼, 신뢰할 만한 정부, 정직한 경찰, 법을 준수하는 시민 등이 있어야 한 다. 마약은 이러한 근본적인 요소들을 모두 부패시킨다. 비의학적인 목 적으로 마약을 사용하는 일을 정부에서 금지하는 이유 중 하나는, 그것 이 국민의 건강을 해치기 때문이다. 해마다 많은 마약 중독자들이 약물 과용으로 사망한다. 처음부터 마약 오남용으로 약물 중독자가 되려고 하는 사람은 없을 것이다. 대부분은 우연한 호기심 혹은 주변인의 권유 로 마약류를 처음 접하게 된다. 접하는 마약류에 따라 다양한 작용들 이 일어난다. 아편, 모르핀, 천연 및 합성 마약은 강한 대뇌 흥분 작용, 정신착란, 공격적 행동유발 및 환청, 환시 등 환각 현상을 일으키고, 향 정신성 의약품은 중추신경계에 작용해 흥분, 환각, 억제 작용을 야기한 다. 그리고 대마의 경우, 소량 복용 시에는 도취감, 꿈을 꾸는 듯한 기 분, 감각의 미묘한 변화를 일으키지만, 다량 복용하면 사고단절, 자아

상실, 환각 등이 나타난다.

이러한 작용들은 일시적으로 육체와 정신적 고통을 완화해 주고, 해방감이나 에너지가 증가하는 느낌, 평온함, 만족감 등을 주어 기분이 좋아지는 것처럼 느끼게 한다. 마약류를 복용하면 뇌 속 도파민 수치가 평소와 다르게 증가하기 때문이다. 신경 세포에 있는 도파민 수용체와 도파민이 결합해 쾌락 반응을 나타내는데, 마약류 오남용이 지속되면 항상성 유지를 위해 체내에서 수용체 수를 줄인다. 그러면 같은 마약류 투여량으로는 초반과 같은 정도의 쾌감을 얻지 못하게 된다. 그렇게 더 많은 도파민이 필요해지고, 이에 따라 점점 마약류 투여량은 증가하며, 투여 빈도도 늘어나게 된다. 마약류 오남용이 시작되면서 결국은 본인 스스로를 통제할 수 있는 능력을 상실하여 마약류 중독에 빠지는 것이다. 최근에 연예인이 마약을 즐기다 적발된 사례는 이제 지겨울 정도로 많다. 심지어 청소년들이 공부방을 이용해 마약 공급 사업을 벌이는 일까지 생겼다. 경찰에 적발된 마약 사범의 수와 압수된 마약량은 매년 크게 늘고 있다. 우리도 이제 마약에서 결코 멀리 떨어져 있지 않게 됐다. 그런데 왜 마약이 나쁘고, 왜 복용만 해도 범죄가 되는지 아는 사람이 얼마나 될까? 마약의 위험성은 아무리 강조해도 지나치지 않겠지만 과장된 부분도 있고, 오히려 축소된 부분도 있다.

마약이 위험한 이유는 크게 두 가지라고 할 수 있다. 우선 중독이다. 중독이 되면 점점 더 많은 양을 투여하게 되고 이는 인체에 커다란 해를 끼친다. 두 번째는 마약을 구하기 위해 저지르는 범죄와 불법 마약을 재배, 가공, 유통하는 범죄조직이 끼치는 해악이다. 많은 사람이 생각하는 바와 달리, 마약을 복용한 상태로 타인에게 해를 가하는 범죄는 흔하지 않다. 대부분 마약을 복용한 사람의 자기 자신이 해를 입는다. 마약에 중독되어 경제활동을 제대로 못 하는 상황에서 마약을 사기 위한 돈을 갖기 위해 저지르는 범죄가 문제다. 하지만 마약으로 인해 가장 큰 피해를 입는 곳은 아마 가정일 것이다. 비정상적인 가정생활과 마약 사용은 흔히 밀접한 관련이 있다. 마약에 대한 갈망 때문에 정신이 산만해진 부모가 자녀에게 안정된 가정생활을 하게 해 주는 경우는 거의 없다. 이러한 환경에서 성장하는 많은 자녀는 가출하여 거리에서 생활하거나 심지어 그 자신도 마약을 사용하게 될 수 있기 때문이다.

상담센터를 찾아온 한 가정의 가장으로서 마약 중독에서 헤어나지 못하던 내담자는 자신을 가장 힘들게 하는 것은 자녀들에게 자신의 마약 중독에 대한 실체가 드러날까 봐 불안해하면서 생활하고 있었다. 마약 중독으로 밤마다 아내를 힘들게 했고 결국 얼마 못 가서 마약 때문에 가지 말아야 할 곳으로 가게 되었다. 그곳에서 1년 가까이 지내면서 마약을 정말 끊어야겠다고 다짐하고 사회로 복귀해서 문제없이 지내고 있던 중에 상담소를 방문했었다. 마약에 대한 유혹의 생각이 떠나질 않고 오히려 그 유혹에 사로잡혀 자신의 힘으로 통제가 되질 않아 불안해서 그냥 지낼 수가 없다는 것이었다. 그리고 더 안타까운 것은 마약을 구입하는 통로를 너무 잘 알기에 마약과 연결된 사람들로부터 계속적인 유혹과 영향을 받고 있어 언제 어느 때에 자신이 또 무너질지 몰라 너무 괴로워하고 있었던 것이다. 훗날에 알게 되었던 사실은 상담을 하면서도 약물은 계속 사용하고 있었다는 내용을 전해 듣기도 했다. 이처럼 마약은 한 개인의 인생을 타락시킬 뿐만 아니라 스스로 헤어날 수 없을 정도로 고통스럽게 만들기도 하고 자신뿐만 아니라 주변 사람들에게까지 좋지 못한 영향을 주기도 하고 심한 경우 가정이 파괴되는 일도 비일비재하게 일어나고 있다. 중독은 어쩌면 인간의 본성이 아닐까? 술과 약물, 게임, 스마트폰, 돈, 성공, 명예…… 이 모든 것들이 우리를 중독시킨다. 문제는 중독 자체가 아니라고 생각한다. 어디에 중독되더라도 사회와 인적 네트워크가 건재해서 우리를 지지한다면 좀 더 쉽게 극복할 수 있다. 몸이 아픈 사람은 혼자 고통을 이겨내야 하니까 진통제에 의존할 수밖에 없다. 사회생활에서 만족함을 얻을 수 없으니까 약물이 주는 쾌락을 거부하기 어렵다. 마약을 강력하게 규제만 한다고 이런 추세가 바뀌지 않는다. 어디든 중독되지 않고는 견딜 수 없는 사회를 살아가고 있기 때문이다. 중독을 금지하기 이전에 중독될 수밖에 없는 사회를 고치는 게 먼저가 아닐까 생각하게 된다.

종교 중독

건강한 목회자가 되려면 지속적으로 자기 점검을 해야 한다. 자기 점검이란 자신 내면에 귀를 기울여 본인의 상태를 살펴보며 내면의 고통과 아픔, 결핍과 상처에 정직하게 반응하는 것을 말한다. 자신을 돌볼 수 있어야만 타인의 아픔을, 사역으로만 아니라 가슴으로 품을 수 있다. 스스로 소외된 생활로 일관된 목회자의 마음은 시간이 지날수록 결핍과 공허를 채워 줄 대체물, 즉, 사람, 물질, 권력,

인정 등을 추구하게 된다. 인간의 욕구는 본능적으로 충족의 원리를 따르기 때문이다. 그런데, 건강하지 못한 목회자의 열정과 열심, 헌신적 행위가 보상 추구라는 잘못된 뿌리에 기초하여 교회 안에서는 종종 뛰어난 '믿음'으로 평가받는다. 하지만 일반적으로는 정리되지 못한 인식 속에 이 과정이 깊어지면 '중독'이라고 부를 수도 있을 것이다. 우리는 믿음과 중독의 경계가 어디쯤일지는 잘 모른다. 그러나 지속되는 삶 속에서 그 영향은 반드시 드러나게 될 수밖에 없다.

중독으로부터 자유로울 수 있는 사람이나 삶의 영역은 많지 않다. 더욱이 우리 사회는 어느 정도 중독된 열정과 열심을 발휘할 때 능력과 가치를 인정해 주기에, 중독을 인식하거나 경계하기가 쉬운 일이 아니다. 특히, 중독 행위가 하나님에 대한 신앙이라는 절대적 가치를 만나면, 때로 그 영향력이 우리가 쉽게 감당할 수 없는 영역까지 미치게 된다. 마음의 결핍이나 트라우마가 교묘한 도피, 속임수, 타협, 또는 이타주의나 타인을 돌보는 행위로 위장하므로, 우리는 자신의 심리적 장애나 한계, 연약함을 부정하며 갖가지 방어 기제로 스스로 속이고 속는다. 이것은 교회 내에 견고한 권위주의, 전체주의, 형식주의 등 교묘히 위장된 우상숭배의 다양한 형태들이 존재하는 이유가 되기도 한다.

지방에서 목회하고 계시는 교회 사모님의 권유를 받고 찾아온 목사님 한 분이 계셨다. 본인은 왜 나 같은 사람에게 상담이 필요하고 치유가 필요한지 도무지 이해를 못 하겠다고 했다. 자신처럼 성실하게 열심히 최선을 다해 목회를 하고 있는데 문제는 이런 자신을 몰라주고 협력을 안 해 주는 교회 성도들에게 대단한 분노와 섭섭함으로 못마땅한 감정을 쏟아 내기도 했다. 그리고 자신이 이런 프로그램을 좀 배워서 성도들을 바르게 치유하고 회복시켜야 되겠다고 상담자에게 어떻게 하면 이런 문제를 해결할 수 있는지 도움을 청하기도 했다. 더 나은 목회사역을 위해서라도 본인이 먼저 상담과 치유를 경험해 보는 것만큼 프로그램을 이해하는 좋은 방법은 없다고 말씀드렸지만 자신은 군이 그럴 필요가 없으니 목회에 도움이 될 수 있는 상담자료나 치유프로그램을 알려 달라고 노트북까지 들고 오신 분이셨다. 물론 그렇게 해결될 문제는 아니기에 설득에 설득을 한 끝에 상담치유를 직접 경험하면서 그동안 자신 스스로도 인식하지 못한 채 살아온 상처의 뿌리가 지금 현실의 목회사역에서 얼마나 많은 문제와 장애를 초래하게 되었는지 원인과 문제점을 본인 스스로 깨닫고 발견하는 기회를 통해 회복을 경험하게 된 사례였다. 지금까지 자신의 사역에 왜 이런 고통을 겪을 수밖에 없었는지 교회 성도들과의 갈등이 깊어질 수밖에 없었는지 이유와 원인을 자신 내면에 있는 어린 시절의 상처를 통해 알게 되었던 것이다. 상담치유를 경험한 후 내담자의 고백은 그동안 본인 스스로도 인정하지 않았고 관심도 없었던 상담치유를 이제는 자신의 목회 사역을 새롭게 정비해서 시작해야 되겠다고 고백했던 사례였다.

이 내담자의 경우 어린 시절 본인이 까마득히 잊고 살았던 무의식 속에 내재된 아버지에 대한 부정적 상처의 뿌리 영향력이 지금의 목회사역에 그대로 나타나고 있었지만 자신은 종교 중독에 빠져 있다는 인식은 전혀 하지 못했고 오히려 상처의 아픔을 성도들에게 투사로 쏟아냈던 것이다. 내담자는 중학교시절 학교에서 친구들과 집으로 돌아오는 길에 자신의 눈에 들어오는 한 장면을 보고 충격을 받았던 것이다. 길바닥에 술 취해 드러누워 잠들어 있는 아버지를 발견한 것이었다. 한창 예민한 사춘기에 친구들이 자신의 아버지인 줄 알까봐 발걸음을 돌려 먼 길을 돌아서 집으로 왔었다. 그런데 집에 있던 어머니께서 동네 사람이 아버지가 길바닥에 누워 계신다는 소식을 듣고 안절부절 하고 있던 중에 때마침 내담자가 집에 오니까 빨리 가서 길바닥에 누워 있는 아버지를 수레에 싣고 오라고 했던 것이다. 주위를 의식하며 겨우 아버지 있는 곳에 가서 술 취한 아버지를 수레에 싣고 오면서 이를 악물고 나는 절대 아버지와 같은 인생, 흐트러지고 망가진 인생을 살지 않겠다고 눈물을 흘리고 다짐하면서 집으로 돌아왔던 아버지에 대한 상처의 사건이었다. 그 현장을 직면하던 내담자는 자신이 전혀 상처 없는 사람이고 문제없는 사람이라고 고집했던 자신의 무지함을 고백하며 응어리진 마음의 상처를 치유하는 데 집중했다. 상담치유가 끝난 후에 내담자는 왜 이런 인생을 내가 살 수밖에 없었는지 이유를 본인 스스로 알게 되었다. 내담자는 아버지와 같은 인생 살지 않기 위해 자신은 철저한 완벽주의가 되었고 여기에 목회라는 종교활동을 하면서 자신도 모르게 종교 중독의 올무에 빠져 있었지만 전혀 인식하지 못했던 것이었다. 자신의 완벽함은 오히려 성도들을 향하여 강요와 완벽을 요구하게 되었고 완벽에 따라주지 않는 성도들을 향해서 정죄와 비난으로 대해 왔으며 못마땅한 마음과 표현들을 거침없이 쏟아 내었던 것이다. 이런 교회 분위기 속에 성도들은 긴장 속에 신앙생활 하고 있었고 목회자와 성도들의 관계는 불안과 두려움, 긴장으로 무너져 있었던 것이다. 상담치유를 끝낸 후 내담자는 자신이 정말 목회를 해 왔는지 성도들을 괴롭히고 학대를 해왔는지 모르겠다며 후회하고 뉘우치면서 이런 일들을 저질러 온 자기 자신에 대하여 뼈아픈 회개와 속상함과 무지함을 안타까워했었다. 만약 이런 상담치유의 경험 없이 그대로 목회를 지속했었더라면 어떻게 되었을까? 하는 마음에 생각만 해도 끔찍하다고 했었다. 상처를 통해 보상받고 인정받으려는 왜곡된 사고가 종교 중독으로 변질되어 자신뿐만 아니라 주위 사람들에게 얼마나 많은 고통과 괴로움을 주게 되었는가를 실제적으로 드러낸 과정이었다.

이 내담자의 상담치유를 하면서 내담자만의 이야기만이라고 할 수 없을 것이다. 이와 유사한 사례의 반응들은 지금도 우리 주위에서 일어나고 있는 현실이다. 그 소용돌이 속에 우리 스스로는 종교 중독의 영향이라고는 전혀 생각지 않고 오히려 왜곡된 상처의 뿌리가 자신 스스로를 의롭게 여기고 헌신적인 삶을 살아가고 있다고 착각하게 만드는 교묘한 속임에 빠져 있는 것이다. 이 속임은 자신에게 합법적인 사고의 가면을 씌우게 만들고 스스로의 힘으로는 전혀 벗어날 수 없는 환경 속에 빠져들어 가고 있다는 것도 심각한 문제이다.

앞에서 본 것과 같이 목회자의 자기 인식 또는 치유가 중요한 또 다른 이유는 구원과 회복을 몸소 경험하고 실천하는 일이기 때문이다. 목회자가 자신을 알아가는 것, 내면에 대한 통찰과 치유의 경험을 가지는 것은 목회자 자신에게도 유익하지만 그것을 넘어서는 가치를 지닌다. 자기 점검을 통해 목회자가 자신의 역량 발휘나 목회 사역을 방해하는 심리적, 환경적 장애물을 인식하게 되면 내적 성장이 일어나고 영적 성숙의 깊이가 더해진다. 하나님과의 관계에서 경험하는 치유는 삶의 본질, 관계의 본질을 더 깊이 이해하게 함으로 목회사역의 가장 큰 자원이 되고 여러 유혹으로부터 자신을 보호해 주는 경험이 된다. 반대로, 직면해야 할 문제의 본질을 회피하거나 부인하게 되면, 결국 하나님을 대신하는 대상, 물질이나 권력을 추구하는 중독으로 이끌리게 된다. 목회자가 자기 인식과 치유의 과정을 깨닫고 경험하게 되면, 그 기초 위에서 목회자로서 성도를 돕고 이끌 수 있는 궁극적 실천 목회를 할 수 있게 된다. 그러므로 목회자는 성도를 돕기 위해, 그들보다 먼저 철저히 자신을 점검하고 인식하고 치유해야만 할 의무를 지닌다.

다시 말해, 목회는 목회자 자신의 자기 통찰과 이해, 그리고 치유에 바탕을 두고 이루어져야 한다. 자신의 내적 결핍의 자리가 다른 것들로 채워지지 않도록, 잘못된 동기와 욕구로 목회에 왜곡된 방법을 동원하지 않도록, 자신의 연약함을 사랑의 도구로 사용하기 위해, 목회자는 자신을 점검하는데 그 누구보다 민감하고 엄격해야 한다. 그것은 당위나 위장된 모습이 아닌, 목회자 이전에 한 인간으로서의 자신을 돌보는 것이다. 자신을 아는 만큼 타인을 돕고 이해할 수 있다. 나를 알지 못하면 타인을 도울 수도 이끌 수도 없다. 자신을 온전히 자각하고 볼 수 있는 것이야말로 사랑의 경험이며 치유이다. 그러므로 목회자 한 사람의 정직한 자기 인식은 그 어느 사역보다 가치 있는 일이며, 성도와 하나님을 위한 가장 소중한 봉사이다.

중독과 왜곡된 신앙

첫 번째로는 종교나 하나님을 '현실도피처'로 인식하기 때문이다. 어떤 사람이 몸이 아프다가 종교 생활을 열심히 했더니 호전됐다고 치자. 이 사람은 몸이 다시 나빠지기 시작하면 종교적 열심이 부족해서라고 생각하게 된다. 그러다 자기 몸을 고쳐 줄 수 있을 것 같은 강력한 지도자를 만나게 되고 점점 잘못된 신앙에 빠지게 되는 것이다. 왜 종교를 도피처로 인식하게 될까. 결국 관계다. 사이비 집단 탈퇴자를 만나 왜 거기 빠지게 됐는가 물어보면 교주가 매력적이어서가 아니라 누가 잘해 줘서라고 답한다. '사람은 좋은 말이 아니라 좋아하는 사람 말을 듣는다'는 말처럼 그 집단의 누군가가 엄청 잘해 준 것이다. 보통의 교회에서는 어느 정도 절제도 가르치는데, 여기는 무조건 잘해 주니까 도피처로 생각하게 된다. 관계 중독이 종교 중독으로 이어진다고 한다. 학대 피해자나 엄한 부모 밑에서 자란 사람들, 부모가 이혼하거나 부모에게 버려지는 경험으로 큰 실망을 경험한 사람들, 낮은 자존감을 가진 사람들이 삶의 어느 순간 해로운 지도자를 만나면 종교 중독에 빠지게 될 확률도 높다.

두 번째는 '하나님에 대한 왜곡된 인식'이다. 이것은 기본적으로 목회자 책임이 크다. '나에게 일어난 일은 특별한 죄 때문이다' '하나님은 우리가 부자 되기 원하신다' '하나님은 특별한 사람만 사랑하신다' '종교적 행위에 최선을 다하면 하나님이 모든 문제를 해결해 주신다' 등 잘못된 가르침을 오랫동안 학습한 결과 하나님에 대한 인식이 왜곡된 것이다. 일종의 종교적 그루밍이라 할 수 있다.

이렇게 되면 하나님에 대한 인식이 '병 고쳐 주는 분' 이상으로 나아가지 못한다. 거기에 머물러 있는 상태로 종교적 행위만 더 열심히 한다. 종교적 열심을 내야만 질병이 호전된다고 믿는 것은 신앙생활에 다른 목적이 있다는 방증이다. 하나님을 그 자체로 추구해야 할 대상이 아니라 도구화하는 것이다. 누구나 고통스러운 현실에서 하나님을 찾을 수 있다. 그러나 왜곡된 신앙의 문제는 현실을 너무 쉽게 해결할 수 있다고 믿는 것이다. 그리고 거기에는 반드시 문제를 한 방에 해결해 줄 수 있을 것 같은 카리스마 있는 지도자가 있다. 이런 지도자는 영적 학대를 일삼는다. 추종자들은 그를 통해서만 무언가 얻을 수 있다고 생각하기 때문에 학대당하는지도 모른다. 관계적으로 취약한 상태에 있는 사람들이 종교 중독에 쉽게 빠지게 된다. 부모와의 갈등이나 학대 경험, 상실의 고통 등 여러 가지 취약한 상태가 다듬어지지 않은 채 성장한 사람들은 결핍이 있을 수밖에 없다. 사랑은 사람의 가장 기본적인 욕구다. 사람은 사랑받고 주기 위해 계속 관계를 형성한다. 종교 중독은 과거에 해결하지 못한 사랑받고 인정받고 싶은 욕구를 종교로 풀려고 하는 것이다. 이렇게 되면 지도자가 영적으로 학대해도 끊을 수 없는 관계가 된다.

교회가 건강하지 못하기 때문에 발생한 일이다. 그런 차원에서 종교 중독을 개인 문제로 돌리는 것은 무책임하다. 종교 중독을 전문적으로 치유하는 단체든 연합체가 필요하다. 교회들이 종교 중독의 심각성과 책임을 인지하고 이런 곳들을 지원해야 한다. 궁극적으로는 교회가 기존 구조를 반성하고 사회적 윤리를 정립해야 한다. 교회가 종교 병리적 문제를 가지고 있는 집단과 구별되는 모습을 보여 줘야 한다. 그러지 않으면 반복된다. 단순히 하나님 은혜받아서 회복하자는 차원이 아니고 사회에서 인정받을 정도로 바뀌어야 한다. 우리끼리 건강의 척도를 규정하면 안 된다. 교회 스스로 말하기에는 이미 기회를 놓쳤다. 사실 교회가 그 연결 역할을 해 주는 곳 아닌가. 교회 안에서 소속감을 느끼지 못하는 사람이 해로운 신앙과의 접촉점이 생겼을 때 빠져드는 경우가 많다. 그렇게 보면 결국 교회가 회복돼야 할 문제다. 가족이나 지인들이 '저렇게 황당한 교리에 왜 빠지냐'고 생각하지 않았으면 좋겠다. 교리는 두 번째 문제고 결국 결핍된 관계 때문에 빠지는 것이다. 단순히 한 사람의 책임으로 떠넘기기에는 교회적, 사회적 이유가 있다.

이단 속에 숨겨진 종교 중독

기독교 이단사이비 종교집단에는 유독 청년들이 많다. 그리고 이 청년들은 대부분 기존의 정통교회 출신이다. 이단사이비의 무엇이 청년들의 마음을 움직이는가? 청년들이 이단사이비에서 종교 중독 현상을 보이는 정신내적 요인은 무엇인가? 이단사이비에 빠진 많은 청년들이 학업을 중단하고 가출하며 착취구조에 자신을 맡긴다. 이는 개인의 삶이 종교에 의해 파괴되는 왜곡된 신앙(Distorted faith)이다. 이 청년들의 행위 중심적 종교활동은 인정과 칭찬에 목말라 하는 일종의 나르시시즘이며, 믿음이라는 명분하에 행해지는 종교 중독이라고 할 수 있다.

이러한 현상은 청년기에 발달해야 할 가장 중요한 심리발달 요소인 '개인 정체감(personal identity)' 형성과 관련이 있다. 미국의 정신분석학자인 에릭 에릭슨(Erik H. Erikson)은 청년기를 '정체감과 정체감 혼란'의 시기로 정의하면서 일관성 있는 정체감의 확립 여부가 청년기의 주된 심리사회적 위기라고 하였다. 따라서 이 시기에 가장 중요한 심리발달 요소인 개인 정체감이 올바르게 형성되지 못한 기독 청년의 경우는 하나님 안에 존재하는 '자기(self)'라는 연약함이 이단사이비의 유혹에 쉽게 빠져들 수 있다.

여기서 주목해야 할 점은 이단사이비의 유혹에 쉽게 빠지는 청년들은 이미 성장기에 정서적 결핍 상태에 있는 경우가 많다는 것이다. 현대 정신분석인 자기심리학의 관점에서 보면 이 청년들은 성장 과정에서 부모로부터 충분한 사랑과 공감을 받지 못하여 건강한 자기를 형성하지 못했을 가능성이 크다고 할 수 있다. 즉, 부모가 아기에 대한 충분한 돌봄에 실패할 때 아기는 부모와 친밀한 공감적 관계를 맺지 못한다. 따라서 이 청년들이 가정이나 평소 다니는 교회에서 정서적인 면을 채우지 못하면 무의식적으로 자신의 결핍을 채워 줄 새로운 집단이나 대상을 찾는다는 것이다.

이단사이비는 청년들의 이러한 정서와 심리를 겨냥하여 심리상담, MBTI, 에니어그램 등 심리적인 면을 터치하며 접근하여 청년들을 현혹한다. 청년기는 정체감 탐색과정 중에 때로는 자신에 대한 절망과 방황을 경험하는 시기이기도 하다. 따라서 자신이 속해 있는 공동체에 만족하지 못하고 자신을 환대하는 집단에 쉽게 유혹될 수 있는 정서적 위기의 시기이기도 하다. 특히 요즘처럼 극심한 취업난과 불투명한 미래는 청년들의 불안을 더욱 가중시키고 있다. 이러한 특성을 반영하듯 이단사이비에서는 청년들의 불안심리와 문화적 특성을 고려하여 포교활동에 열을 올리고 있다. 즉, 청년 대학생들의 감수성을 자극하는 문화적 포교방법을 개발하여 대학 캠퍼스를 중심으로 집중적인 포교활동에 임하고 있는 것이다. 이러한 청년은 중독적 행동으로 쉽게 발전할 수 있으며, 뭔가 유용한 일을 하지 않고 있으면 자신이 아무런 쓸모가 없는 사람이라고 스스로를 평가한다. 이러한 청년들에게 친밀하게 다가오는 이단사이비의 포교방법은 청년들을 쉽게 무력화시킨다. 또한 이들 청년들이 이단사이비에 포교되면 과도할 정도로 종교행위에 몰두하는데, 이것은 내면의 공허감을 채우려는 무의식적 행위라고 할 수 있다. 이단사이비에서의 종교 중독 역시 일반적인 중독 현상과 본질은 같다고 할 수 있다. 종교 중독은 종교집단의 교리나 가르침을 전혀 의심하지 않고, 절대적으로, 무비판적으로 받아들이는 행위를 말한다. 종교 중독에 빠진 자들은 신을 믿기보다는 종교 활동이나 교리 등 신 이외의 것에 집착하여 실천과 봉사를 통해 자신의 존재감을 드러내고 인정받고자 하는 성향이 강한데, 이것은 현실의 고통을 회피하고자 하는 내면의 정서에 기인하는 것이다. 종교 중독에 빠진 신도들은 외형적으로는 독실한 신앙인 같지만, 타인에 대해 비판과 정죄가 많고 하나님 자리에 자기 자신이 있는 것처럼 행동한다.

특히 이단사이비에 빠진 청년들의 경우는 오직 종교적 실천과 봉사를 통해 구원이 이루어진다고 믿으며, 이를 통해 자신의 존재를 확인하는 완고한 신앙을 갖고 있다. 그들의 이런 행위는 무의식적으로 현실적인 삶의 고통과 정서를 회피하고자 하는 일종의 현실도피라고 할 수 있다. 교주와 교주를 따르는 추종자들은 심리적으로 공생관계에 있는 것이다. 이런 사람들은 카리스마 있는 사람이 명령하고 통제하면 쉽게 그런 행동에 익숙해진다. 따라서 교주를 생각할 때마다 청년들은 자기의 환상 속에서 어린 시절 상실했던 전능감을 간접적으로 경험한다. 이단 예방 교육은 물론 불안의 시대를 살아가는 청년들의 정서적 문제에도 눈을 돌려야 한다. 말씀과 기도 등 영적 양육과 더불어 청년들의 아픔을 이해하고 공감하는 '정서적 돌봄'에도 관심을 기울여야 한다는 것이다. 그렇지 않으면 이단사이비의 감성적인 포교 앞에 청년들의 교회이탈 현상은 지속될 것이다.

결혼 전 인생 과제풀기

지금은 코로나 후유증으로 우리가 움츠리고 있지만 한때 우리 사회는 "웰빙(wellbeing), 힐링(healing)"의 열풍이 불었다. 언론에서도, 마케팅에서도, 사람들의 입에서 "웰빙(wellbeing), 힐링(healing)"이라는 말이 자주 오르내렸던 시기가 있었다. 잘 먹고, 잘 사는 것, 더 나아가 자연 친화적이며 영적인 삶의 질을 높이는 것에 많은 사람들이 관심을 가지고 있었다. 힐링(healing)이라는 말은 단순한 질병 치료보다 포괄적으로 '치료, 회복, 휴식'을 뜻하는 말이다. 물질적 풍요와 양질의 의료 혜택, 좋은 생활 주거 환경 등을 누리고 있음에도 불구하고 인구 증가와 도시화와 산업화로 각종 먹거리가 심각하게 오염되어 가고 있다. 무한 경쟁적인 생존 조건으로 과도한 스트레스에 무방비하게 노출되었으며, 가족과 이웃 간의 갈등도 만만치 않다. 지금도 수많은 사람들이 도처에서 알게 모르게 정치적 탄압이나 경제적 파산, 불치의 병이나 자살 충동, 치명적인 죄의식이나 수치감, 주체할 수 없는 적대감과 분노, 사랑하는 이의 죽음이 가져온 절망적 상실감, 죽음에 대한 불안과 공포, 삶의 의미와 의욕 상실 및 허무 등 이루 말할 수 없는 치명적인 질고와 사고, 상처에 시달리며 살아가고 있다. 아버지의 상처, 어머니의 상처, 친구들의 상처, 애인의 상처, 남편의 상처, 아내, 자녀의 상처 흔적을 가슴에 품고 살아가고 있다.

결혼의 아픔

케이 아더(Kay Arthur)라는 베스트셀러 작가는 책 서두에서 "상처를 해결하지 못하는 이유는 무엇일까요?"라는 질문을 던지면서 자신의 이야기를 전하고 있다. 첫 남편은 "우리의 사랑은 영원하리"라는 문구를 새겨 결혼반지를 해 주었다. 그리고 결혼생활 6년 만에 남편은 자신을 때렸다고 한다. 축축한 코피가 입술로 흘러내릴 때 그는 남편에게 "이제 끝이에요"라고 말했다. 남편과 별거할 것이라고는 꿈에도 생각하지 못했는데 그의 꿈은 결혼해서 자신의 부모님들처럼 언제까지나 행복하게 사는 것이었다. 자신의 남편과 살림을 하고, 아이들을 가르치고, 골프를 치며 행복하게 살 것으로 기대했었는데 그러나 결혼 6년 만에 모든 꿈을 깨어지고 악몽으로 변해 버렸던 것이다. 별거할 때만 해도 더 큰 상처가 기다리고 있다는 사실을 몰랐었다. 남편은 전화를 걸어 정신병원에 가 봐야겠다고 말하곤 했다. 왜 그러느냐고 물어보았더니 남편은 그녀가 남편에게 했던 그 끔찍한 말들을 잊을 수 없기 때문이라고 말했다. 가끔 전화해 남편은 자기가 자살할 것이라고 말했으며 그 말을 들은 그는 "그렇다면 그렇게 하세요. 그래야 제가 당신 유산을 상속받지요!"라고 매몰차게 말했었다. 남편의 상처는 아내에게 전화를 걸 때마다, 편지를 보낼 때마다 더욱 깊어지는 것 같더니 결국 자살하고 말았다. 아내에게 받은 상처로 인생을 자살로 마감해 버린 것이다. 그러나 자신은 상처를 주었고, 자신도 상처를 받았지만, 남편의 자살로 인한 상처, 남편과 별거로 인한 두 아들에게 준 상처, 그 후 계속 정결치 못한 삶으로 아들들에게 주어진 상처를 해결받고 이 책을 썼다고 한다.

결혼은 도피처가 아니다

해마다 늘어나는 이혼율을 접하게 된다. 어디서부터 단추가 잘못 끼워진 것일까? 왜 이런 일이 일어난 것일까? 시작부터 문제가 있었다고 본다. 결혼을 결정하는 사람들 중에는 자기 개인의 문제를 결혼으로 해결해 보려는 사람들이 있다. 개인의 문제라는 것은 '자신의 부족한 점을 결혼으로 도피하는 것'들이다. 예를 들어 억압적인 환경 속에서 자신을 제대로 표현해 보지 못해서 오는 자신감의 결여라든지, 정신적으로나 육체적으로 열등감을 가지고 있다든지, 우울, 불안 등 정서적 불안정에 시달리고 있는 사람들이 결혼으로 이를 해결해 보려고 하는 것이다. 이런 사람들 중에는 '결혼하면 모든 것이 잘되겠지' 하는 기대를 갖고 있다. 이는 큰 착각이다. 자기 혼자도 제대로 가누기 힘든 처지에 결혼이란 큰 부담을 짊어지게 되면 무리한 결과를 초래하여 개인의 내면 질서를 무너뜨리게 된다. 우울하고, 열등의식에 사로잡혀 있으며, 매사에 불안을 느끼고, 자신이 없는 젊은이가 배우자에게 의지하겠다는 생각으로 결혼을 한다면 이는 위험한 사고방식이다. 또 부모의 간섭이 싫어서 해방되기 위해 결혼이라는 수단을 선택했다든지, 실연의 슬픔을 잊기 위해 결혼으로 문제를 해결하려 하는 것들은 결혼 후 문제를 더 크게 만드는 불씨가 된다는 것을 잊어서는 안 된다. 결혼할 때 두 사람의 성격이나 배경이 너무 다른 경우 융화하기란 쉽지 않다. 서로 살면서 적응하고 배우고 양보한다고는 하지만 어떤 뿌리박힌 사고방식이나 어려서부터 습관에 젖은 관습은 떨쳐버리기가 어렵기 때문이다. 어떤 가정에서는 가족들의 심리적 갈등을 같이 의논하고 해결하려고 노력해 온 집이 있는가 하면 또 어떤 가정은 가족 갈등을 개인 스스로 해결하는 집도 있다. 결혼 당사자들의 성장 배경의 차이가 빚어내는 불화는 해결하기 어려운 것 중 하나이다.

결혼 결정은 명료한 의식과 이성을 가지고 결정해야 한다. 결혼하고 싶은 상대가 어떤 류의 사람이어야 하는지에 대해 이성적이며 계획적이고 분명하게 결정할 수 있는 마음 상태가 되어야 한다.

세상에 완전한 인간도, 완전한 커플도 없다는 사실을 명심하라는 것이다. 완전한 인간을 찾는 것이 아니라 어떤 타입인가를 알고 상대방이 지니는 장점과 그러한 장점에 항상 따라다니는 단점이 무엇인지를 보는 눈이 중요하다. 그리고는 그 단점을 감수할 각오를 해야 한다. 무엇보다 나 자신을 잘 알고 있어야 한다. 내가 가진 장점과 단점은 무엇인지, 나는 어떤 성장배경을 갖고 자랐는지, 상대방보다 내가 나 자신을 더욱 잘 알고 있어야 한다. 예를 들면 두 사람이 영적인 일이나 가정생활에 비슷한 중요성을 둘 때 그것은 진정한 자산이다. 누구도 당신 자신을 대신해 배우자를 선택해 줄 수 없다. 결코 다른 사람을 기쁘게 하려고 배우자를 선택하지 말아야 한다. 결혼은 자신의 일이다. 더구나 인생에 한 번밖에 없는 중대한 결정이기 때문이다.

결혼 준비, 자신 준비

살아가면서 자신의 삶에 반복적으로 나타나는 장애나 실수의 문제들 해결하지 못하고 어떻게 할지 몰라 혼자 고민하며 살아가고 있는 사람, 어떻게 되겠지 하는 식으로 직접적이고 구체적인 방법을 찾지 못해 방치하면서 계속 상처 속에 살아가고 있는 사람들, 치유되지 않은 상처로 어려움 가운데 처하신 분들, 우리 중에 치유되지 않은 마음의 상처로 대인 관계의 어려움을 겪고 있으신 분들, 가슴 한구석에 묻어두고 생각날 때마다 끄집어내어 되새기고 분노하고 울분을 터뜨리며 살아가는 사람들이 주변에는 많이 있다. 용서하지 못하고 용서하고 싶지도 않은 감정의 사슬 때문에 신앙의 참 즐거움을 모르고 생활하는 분들도 많다. 부모에 대하여, 시어머니, 시아버지, 남편, 아내, 친구, 자식에 대하여 감정의 응어리를 풀지 않고 가슴에 간직한 채 살아가는 사람들도 많다. 우리 인생을 행복한 삶으로 누리지 못하게 하고, 삶의 참 자유와 기쁨을 잃게 하는 상처를 치유받으려면 어떻게 해야 할까? 내게 있는 상처의 근본적인 뿌리를 찾아 해결해야 삶의 길이 열리게 된다. 자신이 표현해야 하는 방법을 알면서도 행하지 못하고 살아가는 자신의 모습. 이대로 방치해서 해결될 일이 아니라는 확실한 자각을 가지고 용기 있는 결단으로 회복의 길을 찾아나서야 한다.

이러한 문제가 해결되지 아니하면 문제의 근원이 자신 안에 있다는 것도 모르고 오로지 상대방을 탓하거나 자신의 주장만 내세우게 되면 이미 그 자체가 불행을 스스로 만들어 가는 길이기 때문이다.

그러므로 결혼 전에 가장 소중하게 준비해야 될 것은 상대를 이해하고 받아들일 수 있는 자신의 내면을 준비하는 것이다. 예를 들어 집에 손님을 초대하여 맞이할 경우도 그냥 맞이하진 않는다. 집안 청소도 하고 모든 것을 정리 정돈한 후에 맞이하는 게 기본이다. 결혼은 세상에서 가장 귀한 손님을 맞이하는 것이다. 정리되지 않고 준비되지 않은 초대에 응한 사람은 별로 좋은 감정은 아닐 것이다. 물론 손님을 위해서만 준비하는 것은 아니다. 나 자신을 위해서도 당연히 준비해야 한다. 그래야만 서로의 만남에 즐거움도 있고 행복한 교제 속에 함께 시간을 보낼 수 있는 것이다.

지금까지 오랜 시간 상담을 하면서 내린 결론은 결혼하기 전에 남자는 남자대로 여자는 여자대로 자신 내면의 문제를 해결해야 된다는 자각이 절대적으로 필요하기 때문에 후회하지 않는 삶을 위해서라면 그 누구도 아닌 자기 자신과 또 앞으로 이루어갈 가정과 가족을 위해서라도 결혼 전 상담치유는 필수적으로 경험해야 될 소중한 선택이다. 그 이유는 우리가 다 아시는 것처럼 내가 성장한 환경과 더불어 부모와의 관계에서 만들어진 문제로 말미암아 우리는 이미 상처로 왜곡된 사고가 형성되어져 살아갈 수밖에 없는 존재로 우리의 내면은 프로그램화 되어 있기 때문이다. 정상적인 프로그램이 아닌 경우엔 반드시 새롭게 포맷을 하든지 수정해야 하는 것이다. 물론 시간이 지나면 스스로 해결되는 문제도 있겠지만 시간만 흐르기를 바라고 자신 스스로가 책임과 역할에 대한 것을 돌아보지 않는다면 그야말로 다람쥐 쳇바퀴 도는 인생으로 살아갈 수밖에 없을 것이기 때문이다.

대인관계, 경제문제, 사회생활, 자신에게 주어진 문제해결, 이 모든 것은 시간이 말해 주는 것이 아니라 자신을 돌아보며 문제를 풀어갈 때 훨씬 더 자유롭고 유익한 삶을 누리게 되는 것이다.

이 주제를 "결혼 전 인생 과제풀기"라고 주제를 정할 수밖에 없었던 이유는 그 한사람의 삶을 정말 소중하고 미래를 생각한다면, 또 앞으로의 나타날 문제에 대하여 의식하지 않는다면 상담자로서의 사명의식도 없고 상담자로서의 직무유기라고밖에 말할 수 없기 때문이다. 대부분 젊은 남녀 간의 만남들은 마음을 설레게 하고 감정을 요동치게 한다. 그야말로 참 좋은 청춘의 시기이다. 우리 모두는 이런 시간들을 보내왔었고 지금 이런 마음과 감정으로 교제를 하는 젊은 청춘들에게는 소중하고 값진 시간이라고 생각한다. 오히려 이런 시간을 통해 좀 더 깊이 서로를 알아가는 시간을 많이 가져보라고 권하고 싶다. 아시다시피 우리의 인생이 이 연애 감정으로만 사는 게 아니라는 것을 누구나 다 거쳐 왔고 경험했었기 때문이다. 정말 사랑이라는 단어를 말로서 감정으로 표현하는 것은 대단히 소중하다.

결혼과 더불어 시작되는 현실의 삶을 통해 그동안 서로가 서로를 잘 모르고 지내왔던 사고와 의식들이 조금씩 드러나면서 갈등이 시작되기 때문이다. 대부분 이런 갈등들은 그동안 서로에게 드러내 놓지 않았던 내면의 문제에서 나타나기 때문이다. 그러나 사랑의 본질을 올바르게 이해하고 살아가면서 겪는 아픔과 고통은 더 나은 삶을 찾을 수 있는 준비를 하고 대비를 했으면 좋으련만 많은 분들의 결혼과정을 돌아보면 그럴 마음의 여유도 없고 우리가 흔히 말하는 것처럼 콩깍지가 씌워져서 어느 것도 들리지도 않고 돌아볼 필요도 못 느낀다는 것이다. 이것이 젊음의 특권이라고 표현해야 될지 모르겠지만 인생이 달려 있는 문제이기 때문에 "결혼 전 인생 과제풀기"가 중요한 것이다. 결혼을 앞둔 젊은 부부에겐 결혼은 인생 최대의 행복한 시간들이다. 모두 축하하고 인정해 주어야 한다. 그래서 대부분 결혼 준비에 너무 분주하다 못해 정신을 잃을 정도다. 어느 작가가 표현했던 대사처럼 "무엇이 그리 중한디"를 조금만 귀 기울였으면 좋으련만 수십 년을 살아오면서 길들여져 버린 우리 사회의 결혼문화 자체가 삶의 진실성과 실제를 잃어버리게 만들었고 준비해야 될 준비를 하지 못한 채 풋내기 인생을 시작하게 되는 것이다. 그러나 이 자체도 얼마 가지 않는다. 물론 모든 젊은이가 이러진 않겠지만 사회적 통계를 볼 때 젊은 부부들의 생활 속에서 겪는 갈등과 문제의 원인들이 나타나기 시작하면서 서로를 잘 알지 못함과 더불어 준비 없이 시작된 결혼생활의 현실적 문제를 대하면서 부부간의 갈등의 골이 깊어지고 이혼하는 부부들이 늘어나고 있는 것이다.

성급한 결혼

지방에서 올라온 한 내담자의 사례를 보면 우울증과 의욕상실로 피로감에 지친 상태에서 잠도 제대로 못 자고 하루하루를 비몽사몽 속에 생활하고 있던 중에 상담센터를 찾아왔었다. 가정환경이나 부모님들도 비교적 사회적으로 안정된 삶을 살고 있었지만 본인은 고통 속에서 시달리며 힘들어했었다.

몇 차례 상담을 하던 중에 내담자로부터 뜻하지 않은 소식을 전해왔다. 두 달 후에 결혼을 하기 위해 준비 중이라서 상담은 여기까지만 하겠다고 했다. 상담자의 입장에서 본다면 결혼에 대하여 간섭할 권리는 없지만 내담자의 상태를 너무나 잘 알고 있는 입장이어서 시간을 좀 두고 상담을 어느 정도 종료하고 난 후에 결혼하는 것은 어떻겠느냐고 제안을 드렸지만 돌아온 대답은 별 의미가 없었다. 한편으로는 안타까운 면도 있었고, 상담이 마무리되지 못한 상태였기에 현 상태로서는 더 힘들어질 수도 있을 텐데 하는 생각 때문에 마음이 편하진 않았다. 물론 내담자 자신이나 가족들의 입장을 전혀 모르는 것은 아니지만 결혼이라도 시켜 놓으면 나아지지 않을까하는 생각도 가질 수 있었으리라 하는 생각도 들었다. 또 한편으로 들려오는 이야기로는 남편 될 사람이 착하고 직장이나 집안이 괜찮으니까 그럴 수도 있겠다하는 마음도 있었지만 마음한 구석에는 옳은 선택은 아닐 텐데 하는 아쉬움의 여운이 남아 있다.

문제는 4개월 이후에 일어났다. 다시 연락이 온 것이다. 결혼하고 난 후 남편과의 갈등과 다툼으로 도저히 살 수 없어 이혼 절차를 밟는 중이라고 했다. 잠시 나눈 대화 속에 남편이 직장에서 받는 스트레스로 퇴근 후 집에만 오면 힘들어하고 짜증을 내면서 신경질적으로 대하는 모습이 너무 충격적이어서 신혼의 분위기는 온데간데없이 본인 스스로도 겨우 힘듦을 안정시키고 신혼생활을 통해 새로운 회복의 시간을 만들어 가고 싶었는데 두 사람의 문제를 양가 부모님들도 모두 알게 되면서부터 부모님들의 다툼으로까지 와전되어 버린 것이었다. 상황이 여기까지 오다 보니까 결국 이혼의 길로 접어들게 되었고 나중에 내담자가 했던 고백은 상담을 다 끝내고 결혼했으면 어떠했을까? 하는 본인 스스로의 후회스러움과 안타까움을 고백하기도 했다. 상담의 사례를 다 표현할 수는 없지만 내담자는 내담자대로 오히려 좋은 기회로 활용하여 자신도 충분히 상담을 마무리하고 남편 될 사람도 함께 상담에 참여케 해서 서로를 좀 더 구체적으로 알고 도와가는 방법을 선택했으면 이런 비극은 막을 수 있었을 텐데 하는 아쉬움이 남았던 사례였다.

결혼 후 후유증

또 한 케이스를 돌아보면 한 공동체 안에서 평소에도 잘 아는 같은 교인들끼리의 결혼문제로 인한 분쟁의 어려움을 겪은 내용을 정리해 보면 남편 될 사람은 외국에 근무 중이었다. 사진으로 영상으로 서로 교제를 몇 개월째 하고 있었던 때였다. 아내 될 자매는 그 당시 상담센터에 방문하여 상담을 진행하고 있던 중이었다. 이 상담의 경우도 중간에 결혼문제가 개입되어 상담을 중단하고 한국에서 결혼식을 하고 외국으로 가야 하기 때문에 상담 중단을 요청해 온 것이었다. 한참 내면의 문제를 해결하기 위한 상담치유를 진행 중이었는데 앞서 표현한 것처럼 결혼까지 어떻게 할 수 있는 일이 아니기에 본인의 선택을 존중할 수밖에 없었다. 상담자로서 내담자에 대한 상태와 해결에 대하여 구체적으로 제시를 하고 방법을 찾아보자고 했지만 결혼식까지는 시간의 여유가 전혀 없는 것도 아니었는데 상담이 종료되고 말았던 사례였다. 결혼 3개월 만에 문제는 드러나기 시작했다. 한국에 있는 사람도 아니고 외국이라는 낯선 곳에서 당했던 결혼생활의 고통과 두려움은 심각할 정도로 정신적 충격까지 받게 되었고 주변 지인의 도움을 받아 도망쳐오다시피 한국으로 돌아온 것이다. 그리고 상담센터를 다시 방문해 주었다. 내담자가 그동안의 고통과 충격받았던 사건들을 쏟아내면서 고백했던 말이 상황이 이렇게 될 줄 알았더라면 상담을 종결하고 결혼을 할걸 그러지 못한 것에 대한 후회와 아쉬움을 내담자 본인이 느끼고 있었다. 물론 모든 사람이 다 이와 같진 않겠지만 그 속에서도 서로를 알아가고 성화시켜 가는 부부도 많겠지만 대부분의 부부들은 결혼 초기에 서로가 서로를 잘 알지 못해 고통들은 너무 심하고 소중한 것을 찾고 누리고 얻어야 할 시기에 생각지 못했던 복병들로 인해 아픔과 상처는 크게 다가온다는 것이다. 또 한편 긍정적으로 본다면 내가 내 스스로 알지 못하고 고칠 수 없는 부분들을 나의 남편을 통해 아내를 통해 서로의 부족한 부분들을 보완하고 수정해 가는 시간을 가지는 부부라면 정말 성숙하고 아름다운 가정을 가질 권리를 얻게 될 것이지만 그러나 이런 경우는 일부분일 뿐이지 특히 요즘과 같은 세상에서는 그런 고통을 당하면서까지 살아내려고 하는 의식을 갖지 않기 때문에 결혼 후에 이혼율이 많이 생기는 이유도 이런 문제와 연관 되어져 있기 때문일 것이다.

결혼식보다는 결혼생활을 준비하라

세상은 내 뜻대로 되지 않음을 인정하는 것이 얼마나 어렵던가. 마치 야곱이 환도뼈가 부러져서야 비로소 무릎을 꿇었던 것처럼 나도 뺨을 한 대 맞아야만 정신을 차린다. 완벽한 결혼식을 치렀다고 해도 전쟁은 결혼식에 가산점을 주지 않는다. 전쟁은 지금부터 시작되었고, 나는 지혜롭게 싸워 이겨야 한다. 때론 멀리 봐야 하고, 때론 따갑게 지적하며 맞서야한다. 결혼식은 내 마음대로 되지 않은 것이 분명하다. 결혼생활도 내 마음대로 되지 않을 것이다. 나는 결혼생활을 준비해야 한다.

내 배우자를 품을 준비를 해야 하고, 배우자에게 실망할 준비를 해야 한다.

결혼 준비에서 많은 사람들이 가장 중요한 것을 빼놓고 한다.

그것은 결혼식도 아니고 예물, 혼수도 아니다. 중요한 것은 바로 결혼생활 준비를 해야 한다.

각자 다른 환경의 남녀가 만나 한 가정을 이루고 살아가야 할 아주 중요한 것이 결혼이다.

'연애할 때는 몰랐지만 같이 살아보니 너무 다르더라'라는 말이 괜히 나오는 게 아니다.

이런 말이 나오는 것은 결혼생활 준비를 하지 못했기 때문이다. 결혼생활 준비를 잘하기 위해서는 바로 마음가짐이다. 처음부터 잘 맞는 부부는 거의 없다.

각자 다른 환경에서 다른 성향을 가지고 서로 다른 사람이 만났는데, 내 것만 주장하면 우리가 꿈꾸는 행복한 결혼생활을 할 수 없다. 서로를 배려하고 상대방 입장에서 한 번이라도 생각한다면 사소한 일에도 일어날 갈등이 줄어드는 것이다. 우리네 인생사가 그렇듯, 결혼생활에도 항상 좋은 일만 있는 것이 아님을 알아야 한다. 좋은 일이 있으면 힘들고 어려운 일도 있음을 먼저 알아야 유연한 마음을 가질 수 있는 것이다.

그러나 이미 결혼을 하셨다면 많이 싸워도 보고 적당히 넘어가 주기도 하면서 그렇게 싸우고 화해하다 보면 부부들만의 세련된 해결 방식을 찾을 수 있을 것이다. 결국, 나의 긍정적인 생각과 상대방을 이해하려는 마음이 행복한 결혼생활을 준비하는 것이다.

헤브론을 향하여 가는 길...

4부

회복을 보면서 가는 길

해결의 길을 찾아서

부부 갈등 해결

부부싸움의 가장 큰 원인은 서로 다름을 인정하지 못하는 것이다. "연애를 할 때에는 '결혼만 하면 다 행복해질 것 같다'고 생각하는 경우가 많다"라며 "그러나 결혼 후에는 '내가 꿈꾸던 결혼이 아니다'"며 실망하면서 갈등은 시작된다.

우리는 현실에서 저마다 부딪치면서 살아야 하는 삶을 살아가고 있다. 생명의 시작부터 끝날 때까지이다. 이 아우성의 소리는 가정에서부터 시작된다. 부부의 삶을 살펴보면 만남의 순간부터 살아가는 과정 속에 저마다의 소리를 내고 살아간다. 왜냐면 서로를 잘 아는 것 같지만 실상은 잘 모르고 한편으로는 시간이 흐를수록 서로의 주장이 생겨나기 때문이다. 갈등과 문제가 없는 부부는 없다. 부부는 서로에 대한 기대가 높은 만큼 말 한마디, 눈짓 하나에도 큰 상처를 받게 된다. 부부의 갈등은 단순히 부부만의 문제가 아닐 수 있다. 부부 갈등이 심화되면 부부뿐만 아니라 자녀, 가족들의 정서적인 문제에도 영향을 미칠 수 있기 때문이다. 두 사람의 행복을 위한 결혼을 선택했으면 결혼에 따르는 가정을 건강하게 만들어 가기 위해서 우선적으로 서로를 잘 알아가는 과정이 필요하다. 서로에 대한 의견존중과 더불어 부족한 부분을 어떻게 보완해 가야 할지 관심을 가지고 노력하다 보면 자연스럽게 건강한 가정으로 만들어져 갈 것이다. 그러나 지금의 우리 사회는 그렇지 못한 것 같다. 한 가정 부부의 예를 든다면 부부가 서로를 잘 아는 것 같지만 너무 서로를 모르고 살아가고 있을뿐더러 서로의 의견이나 사고에 대한 존중보다는 자기중심적인 주장으로 알게 모르게 갈등의 골이 깊어져 가고 있다는 사실이다.

안타까운 것은 가정 안에서 서로의 갈등이 일어나고 있는 문제에 대하여 해결의 실마리를 찾는 것이 아니라 너는 너 대로 나는 나대로의 삶을 찾아 문제의 갈등을 외면하고 살아가고 있다는 것이 더 큰 비극인 것이다. 분명히 이런 부부관계의 갈등은 가족이란 한 공동체 안에 살면서 분위기나 흐름은 가족 전체에게 영향을 줄 수밖에 없는 상황이지만 오히려 부부로서의 책임과 역할을 외면하고 살아가고 있다.

최근 한강 산책길에서 만났던 분은 이런 표현도 한다. 할 말은 아니지만 자신과 함께 산책을 즐기는 애완견이 훨씬 자신의 마음도 편하게 해 주고 소통도 잘되고 정신적인 위로도 된다고 한다. 물론 그럴 수도 있겠지만 부부의 인격적인 관계가 무너진 상태에서 서로가 노력하려고 하지 않고 각자의 길을 간다는 것은 이미 부부로서의 책임과 의무를 상실하고 사는 것 같아 안타까울 따름이다.

부부는 분명하게 서로의 환경과 조건이 다르다. 어느 쪽이 더 힘들고 수월한지는 모른다. 그래서 이유 없이 상호 이해하고 위로하며 스스로 약간의 희생을 감수할 각오를 해야 한다. 앞서 언급했던 내용 중에 결혼 전에 피상적인 서로의 관계가 아니라 좀 더 열린 가운데서 서로의 완벽함을 내세우는 관계가 아니라 약함도 부족함도 함께 나누며 서로에게 도움의 필요를 청하면서 부부가 나아갈 때 더 정직하고 건강한 가정을 세워 가는 토대가 될 것이다.

부모의 삶 자녀의 인생

가족은 사회적으로 가장 중요한 기본 단위이며, 가정은 사랑과 안정을 제공하는 공간이다. 그러나 부부의 미성숙과 갈등으로 함께 생활하고 있는 가족 구성원들은 갈등과 스트레스에 시달리게 된다. 부모가 갈등 속에 가족 분위기가 혼탁해지면 그 영향을 받는 자녀들에게는 겉으로 표현은 하지 않지만 상상도 못할 충격을 받는다. 자녀들은 지금까지 부모를 의지하고 신뢰해 왔는데 부모의 이런 모습을 보면서 신뢰가 무너져 버리고 불안감이 자신의 삶에 엄습해 오기 시작한다. 부모의 갈등이 심화되면서 자녀들은 갈등에 휘둘리게 되며 정서적인 안정을 상실하고, 심지어는 학업이나 사회적 인간관계에도 치명적인 영향을 받게 된다. 지금 우리 사회의 해결하지 못한 문제로 대두되고 있는 학교폭력의 문제 역시 가정 안에서 일어나고 있는 부모의 건강하지 못한 가정파괴의 비극으로 나타나고 있는 현장이 학교라고 해도 틀린 말은 아닐 것이다. 특히 가정에서 부부 갈등으로 일어나고 있는 폭력은 또 다른 폭력을 부른다고 했다. 가정폭력은 학교폭력, 성폭력, 자살 등으로 이어질 수 있다. 모든 폭력과 범죄의 씨앗이라고 해도 과언이 아니다.

모태신앙으로 자란 한 청년의 사례를 보면 어릴 때 아버지가 돌아가셨다. 그리고 홀어머니와 함께 성장해 왔다. 아버지에 대한 기억도 없고 딱히 본인이 아버지를 통해 직접 받은 상처는 없다고 했다. 홀어머니를 따라 교회 중심의 생활을 해 온 청년이었다. 어릴 때는 몰랐는데 성장하면서 서서히 인격장애의 요소들이 나타나기 시작한 것이었다. 모태신앙이라고 하지만 성장한 후의 기독교를 대하는 모습은 어느 불신자나 다름없었다. 어린 시절에는 엄마를 따라 교회를 열심히 다녔다. 물론 지금도 교회 출석은 열심히 하고 있다. 상담을 진행하면서 나타난 반응은 아버지에 대한 분노의 감정이 극에 달하고 있었다. 홀어머니와 살아오면서 말할 수 없는 고생을 한 설움도 많았지만 자신을 돌보지 않고 아버지의 역할도 하지 못하고 가정을 책임져주지 못한 것에 대한 분노의 감정은 모든 것에 부정적 의식으로 나타나기 시작한 것이었다. 어린 시절 3세 때 아버지가 돌아가셨는데 왜 이렇게 아버지에 대한 적대감이 강하게 나타나고 있을까? 처음에는 의아해하면서 들었는데 청년의 어머니를 만나면서 이 청년이 이렇게 될 수밖에 없었던 이유를 알게 되었던 사례였다.

부모의 영향이 자녀에게 어떻게 고통과 부정적 사고로 자리 잡게 되었는가를 보여 주는 중요한 실례였다. 사연은 이러했다. 어머니는 남편을 일찍 잃고 외아들과 살아가면서 너무도 힘든 시간을 지내왔다. 다행인 것은 신앙의 힘으로 이겨내며 살아왔지만 현실에서 부닥치는 문제의 환경 속에 감당하기 힘든 모든 푸념을 밤마다 외아들을 앉혀놓고 결혼 후에 힘들었던 가정생활이야기 특히 아버지 때문에 고통스러웠던 사건 하나하나를 떠올리면서 아들에게 늘어놓았던 것이었다. 고통스럽고 힘들었던 삶의 과정을 아주 구체적으로 본인과 갓난아이였던 아들에게 행동했던 일들을 미주알고주알 말했던 것이다. 어머니가 들려주는 고통스러웠던 사건의 이야기들은 고스란히 아들의 마음에 그대로 저장되었던 것이다. 아버지에 대한 기억도 분명치 못한 아들이 어머니의 이야기로 아버지가 어머니에게 행한 일들로 상처를 받으면서 가슴에 묻어두고 성장해 온 것이었다. 성인이 되어져 갈 무렵 어머니로부터 들은 아버지에 대한 분노의 상처가 얼마나 고통스러운지 예전에 살았던 시골집은 지금은 댐 공사로 수몰지역이 되었지만 그곳 높은 지역에 아버지의 묘소가 있는데 언젠가는 그곳을 찾아가서 묘소를 파헤치고 싶다고 고백할 정도로 아버지와 어머니의 갈등 속에 있었던 상처의 대물림이 아들에게 전달되어 상처를 가슴에 품고 현실을 이겨내지 못하고 지내는 내담자의 아픈 사례였다.

이처럼 부모들의 갈등은 직접적이든 간접적이든 여러 가지 측면에서 자녀들에게 영향을 미치게 된다. 특히, 부모의 부부 관계가 심각하게 나빠서 어릴 때 많은 상처를 받은 사람일수록 오히려 감정에 무디거나 감정을 잘 느끼지 못하는 경우든 아니면 지나치게 민감한 반응으로 나타나는 경우가 종종 있게 마련이다. 이들은 부모 중 한 명이 알코올 중독이었거나, 부모에게 학대를 받았다거나, 가정폭력을 목격했다거나 하는 등의 충격적인 사건을 겪었음에도 불구하고, 자주 느낄 법한 화를 잘 느끼지 못하고 가슴에 묻어둔 채 매사에 무덤덤하게 반응하면서 살아간다.

부부 갈등과 가족건강

부부 관계의 영향력은 자녀의 성장 과정에 따라 달라질 수 있다. 어린 자녀의 경우, 부모의 안정감은 자신의 능력에 대한 신뢰감을 높이고 사회적 능력을 발전시키는 데 도움이 된다.

청소년기를 거치면서 자녀는 부모의 역할 모델을 활용하여 인간관계능력과 적응력을 키워갈 수 있으며, 자아발전에 도움을 받을 수도 있다. 그렇지 못한 경우 부부간의 갈등과 싸움은 자녀에게 부정적인 영향을 미칠 수 있게 된다.

요즘 같은 세상에 많이 접하게 되는 부모의 이혼인 경우라든지 가정 분열과 애정 결핍 부모의 갈등으로 인한 정서적 충격, 안정성의 결여, 다른 엄마, 다른 아빠, 다른 집에서 산다는 등 자녀에게는 큰 충격이 될 수 있다.

이런 영향은 성장하는 자녀들에게 불안감과 스트레스, 무응답, 소외, 낙오, 계속해서 다른 문제에 대한 불안감을 유발하며, 학교나 사회와의 관계에서도 어려움을 겪으면서 살아가게 된다. 우리가 아는 것처럼 모든 부모들이 완벽하지 못하듯 부부 사이에 갈등이 생기는 것 또한 불가피한 현실이다. 부모가 충분한 대화를 하고 서로를 이해하며 상황을 대처해 나갈 경우, 자녀는 이를 수용하고 조율하는 능력을 배울 수 있지만 소홀과 애정 결여, 대화할 줄 모르는 상황에서 자녀는 부정적인 갈등에서 정신적인 영향을 받을 수밖에 없다는 것이다.

부모의 갈등과 다툼은 아이들에게 불안감을 야기시킨다. 어린아이에게 부모는 세상의 전부라고 표현해도 무방할 것이다. 그만큼 큰 영향을 줄 수 있는 존재이기에 두 사람의 갈등은 끝난 뒤에도 아이가 바라보는 세상에 큰 기둥이 흔들리는 것과 같은 여파를 남길 수 있다. 반복적인 부부 갈등에 노출될 경우 아이들은 식욕이 저하되거나 수면 중 악몽을 꾸는 등 일상적인 생활이 불안정해지거나 심한 경우 틱과 같은 정서 문제를 보일 수 있다. 언제 다시 발생할지 모르는 갈등에 대한 걱정으로 부모의 눈치를 보게 되고, 어색한 분위기를 전환 시키거나 둘 사이를 화해시키려는 중재자 역할을 자처하기도 한다. 아이는 자신이 부모와 가정으로부터 안정을 취하고 신뢰를 쌓아 가야 세상을 향해서도 건강하게 나아갈 수 있는데 이미 가정에서부터 자신의 존재는 상실한 채 상한 감정과 정신을 가지고 세상을 대하면서 살아야 하기 때문에 가정을 떠나 불안한 정서 속에 제2의 전쟁터인 세상에서 생존하기 위해 또 다른 감정을 부정적으로 표출하면서 살아가게 된다는 사실이다.

지금 우리 사회에서 불안해하고 있는 보복운전, 묻지 마 살인, 데이트 폭력, 누구도 알아주지 않는 자신의 이름을 알리기 위해 망상적인 사고로 사회적으로 위험한 범죄를 꿈꾸고 있다는 것을 우리는 잊지 말아야 한다.

갈등으로 인한 경제적 손실

대부분 부부 갈등의 원인은 경제문제를 통해서 나타나는 경우가 많다. 한 가정에서 남편의 도박 중독이 심각해진 경우를 보면 돈만 생기면 가정은 돌보지 않고 자기만의 시간을 위해 살아가겠다는 생각으로 가정 경제에 대한 책임 의식도 상실한 채 도박과 술 중독으로 살아간다면 함께 살아가는 아내나 자녀들에게 얼마나 큰 고통과 불안이 마음에 남게 될까? 가족관의 회복과 중독을 위해 상담을 받아 보라고 권유했지만 외면해 버리고 일방통행식으로 살아간다면 경제적 손실뿐만 아니라 정신적 손상까지도 작용하고 있을 것이다. 가족상담을 해 보면 부부 갈등으로 인한 경제적 손실은 갈등으로 빚어진 감정의 통제가 해결되지 못한 채 남편은 남편대로 아내는 아내대로 감정이 요구하는 대로 행동하기 때문이다. 굳이 이렇게까지 살 필요가 있을까? 그동안 가정의 미래를 위해 절약해 왔던 마음이 무너지고 상실감이 몰려오게 된다. 이럴 때 감정을 다스리지 못하고 본능이 자극하는 대로 행동하게 되면 가정 경제에 크나큰 손실을 가져가 줄 수밖에 없다. 화풀이식 낭비, 충동구매, 그동안 잠재워 왔던 쇼핑의 욕구들을 채우게 된다.

관계에 나타나는 부적응

부부의 갈등으로 상처를 받고 자라난 아이들에게 나타나는 성격유형들을 살펴보면 양극화 현상을 볼 수 있다. 어떤 경우는 외형적으로 나타나는 감정이 이끄는 대로 자신을 표출해내는 유형이 있고 한 유형으로는 자신의 감정을 억제하고 통제시키는 유형으로 나타나는 경우를 볼 수 있다. 이런 관계장애의 요인들은 대부분 청소년 시절 학교생활에서 현실적으로 나타나게 되는 것을 보게 된다. 어떤 학생의 경우에는 상대를 괴롭히는 가해자의 입장으로 나타나기도 하고 한편으로는 상대에게 억압당하기만 하는 피해자로서의 입장으로 나타나기도 한다. 이러한 영향은 학교를 통해 잘 갖추어진 인성과 지성을 준비하여 세상을 향해 날개를 펴고 날아야 할 사회 초년병들에게 무질서와 두려움의 내재된 감정으로 인간관계의 부적응적인 문제도 발생하지만 한 부분으로는 주어진 환경과 현실을 적응하지 못하는 환경적응장애의 문제로도 나타날 수가 있다. 이로 인해 사회생활은 물론 그 속에서 함께 어우러져 살아가야 할 인간관계 속에서도 적응을 못 하고 혼자만의 고립이나 환경의 무거운 짐을 마음에 담고 살아가게 된다.

장남으로 출생한 내담자는 어린 시절 아버지로부터 항상 지적과 책망을 듣고 자랐다. 그리고 동생과 비교를 당하면서 형답지 못하다는 말을 자주 들었고 그 말을 들을 때마다 기가 죽어 '나는 도대체 왜 이럴까?' 하며 의구심을 가지고 성장한 내담자였다. 내면의 낮은 자존감 의식은 학교생활도 친구들과 어울리지 못하고 왕따를 당하든지 혼자 고립된 생활에 길들여져 왔던 것이다. 사회생활을 시작하면서 문제는 구체적으로 나타나기 시작된 것이다. 직장 상사를 대하기가 불편하고 너무 힘들어 하루에도 몇 번씩 직장을 그만둘 생각을 하면서 하루하루 힘겹게 지내는 생활이었다. 어떤 경우에는 직장 상사를 보는 게 두렵고 무서워 눈치를 보며 피해 다녔다고 한다. 왜 직장상사가 그렇게 무섭고 두려운지 질문을 하니까 자신의 아버지와 너무 닮은 사람이라고 했다. 이 내담자의 경우 이미 아버지로부터 받은 상처의 영향력들이 직장상사를 통해 건드려지기 시작했던 것이다. 어떤 때는 아버지가 자신에게 했던 말보다 더 모욕적인 말을 들으면서 죽고 싶은 생각까지 들었다고 한다.

아버지의 입장에서는 장남이고 잘하라고 말한 것이겠지만 아들의 입장에서는 이미 가정 안에서 아버지와의 관계장애를 겪으며 살아온 것이었다. 이 내담자는 건강하지 못한 자아를 가지고 사회라는 요동치는 바다에서 편안한 항해를 할 수 있겠는가?

현실에서 나타나고 있는 일상의 문제점

부부	상대를 잘 모름 & 서로의 다른 주장
자녀	정체성상실, 혼돈의삶 & 왜곡된사고, 이기주의
물질	채무, 사치, 과소비 & 가난, 궁핍, 인색
건강	육체의 질병 & 정신적 장애
관계	인간관계 부적응 & 환경적응의 장애
종교	율법주의, 인본주의 & 신비주의, 기복신앙

부정할 수 없는 인격장애 요소

사람마다 다르겠지만 인간은 누구나 저마다 살아가는 기준이 있을 것이다. 어떤 이는 성공을 위해, 어떤 이는 행복을 위해 또 어떤 이는 자유를 위해, 모든 사람이 살아가는 기준에는 다양성이 있을 수 있다. 그 사람의 성격이나, 취향이나, 목적도 다를 수 있기 때문이다.

저자가 지금까지 생각하며 살아온 기준은 기본(Basic)이었다. 이 기본을 염두에 두고 부족하지만 시간이 지날 때마다 한 번씩 점검해 보기도 하고 어느 부분이 부족한지를 돌아보면서 온 것 같다. 사람마다 행복의 기준, 목적은 다를 수 있겠지만 우리가 혼자서 살아가는 세상이 아니기에 자신에 대한 준비와 그리고 이웃과 세상을 향한 책임을 위해서 갖추어야 할 부분이 있다는 것이다. 이것이 무너지면 그 어느 누구도 자신의 삶에 대하여 온전하게 잘 살아왔다고 말할 수 없을 것이기 때문이다.

인간은 네 가지 전인격적 구성요소를 생각해 보면서 살아야 한다. 이 네 가지는 다름 아닌 신체적, 정신적, 영적, 사회적 준비들이다. 바른 인식으로 이러한 부분을 준비하지 않으면 우리 인간은 언제 어떻게 자신이 파괴될지 모르는 존재이기 때문이다. 물론 이렇게 한다고 해서 다 완벽하게 살아갈 수 있는 것은 아니겠지만 자기 기준과 목표를 분명히 가지고 살아야 하기 때문이다.

신체적 돌봄

몸이 건강해야 한다는 것은 두말할 필요가 없다. 건강이 따라주지 않으며 그 어떤 것도 할 수 없기 때문이라는 것은 누구나 알고 있다. 신체적으로 건강하지 못한 상태로 나타나는 양극화 현상들을 살펴보면 몸이 건강한 경우에 나타나는 왜곡된 요인들은 모두가 그런 것은 아니겠지만 사람들은 왜 쉽게 타락, 쾌락, 방종, 퇴폐에 빠져들게 된다. 인간의 기본적 욕구라고 하기엔 지나치게 본성적이고 타락적이라는 것이다. 여기에 나타나는 현상의 바탕에는 철저히 자기중심적이라는 왜곡된 사고가 자리 잡고 있다. 지금의 우리 사회를 보면 쉽게 알 수 있는 일이다. 반면에 몸이 건강하지 못한 경우에 나타나는 현상들은 대부분 질병과 관련되어 있다. 누가 아프고 싶어 아픈 사람은 없겠지만 질병에 걸리다 보면 먼저 떠오르는 생각이 억울함과 속상함이다. 억울하고 속상한 마음은 상대를 향해 투사를 하게 된다. 남들보다 열심히 성실히 살아왔는데도 원치 않는 질병을 마주하게 될 때 누구나 이런 마음 생기는 것은 당연할 수도 있다. 그러나 질병의 원인 문제도 돌이켜 보면 가정과 직장 안에서의 억압과 인간관계, 경제적 부담, 환경적 요인 등은 우리가 살아가는 데 적잖은 스트레스를 받게 만드는 근본적 요소이다. 삶의 문제들이 원만하게 해결되지 못하고 지속될 때 신체적 질병의 영향을 받을 수밖에 없다. 이런 환경에서 벗어날 수 있는 길을 스스로 찾아야 한다. 규칙적인 운동, 자신을 위한 시간, 취미활동, 때로는 전문가와 상담을 하는 것도 많은 도움이 될 수 있다. 본인의 환경적 요인이나 생활적 습관도 신체를 관리하는 데 많은 도움이 될 수 있다. 다시 말해 부부는 가정을 책임져야 할 의무가 있고 함께 가정을 건강하게 세워가기 위한 가정 중심의 신체적 관리가 무엇보다 필요하다는 것이다. 오래전 그리스를 방문한 적이 있었다. 우연인지는 몰라도 저녁 퇴근 시간에 눈에 각인되었던 잊히지 않는 모습이 떠올랐다. 퇴근길 가정을 향해 발걸음을 재촉하는 남자들 손에는 검정 봉지가 들려져 있었다. 짧은 시간인데 순간 스쳐가는 생각은 퇴근 후의 따뜻한 가정의 모습이 떠올랐던 것이다. 그것도 잠시 우리나라의 퇴근길 모습도 잠시 스쳐갔다. 그리고 떠오른 생각은 우리나라에는 왜 이렇게 "영업용 방"들이 많을까 하는 생각에 나름 떠올려 봤다. pc방, 노래방, 소주방, 비디오방, 이런 종류 아닌 다른 방들도 많이 있겠지만 대부분의 방들이 가정에 있는 사람들을 밖으로 불러내는 방들의 종류이고 밤문화들이다. 씁쓸한 생각도 들었지만 이런 바깥 방들의 종류가 건강한 가정을 세워 가는 데 얼마만큼의 유익을 가져다줄 수 있을는지 생각해 보게 된다.

정신적 돌봄

정신이 건강해야 모든 삶에 행복을 누릴 수 있다. 그렇지만 우리 사회의 보이지 않는 한 면에는 왜 그렇게 충동적인 사람들이 많은지 마치 대한민국을 분노 공화국이라 할 만큼, 보복운전, 욱하는 성질, 층간소음, 묻지 마 폭행 등, 통제되지 않는 감정으로 말미암아 한때는 출퇴근길이나 밤길을 혼자 걷는 것 자체도 불안한 때도 있었다. 이런 충동적인 경우도 있지만 정신적인 또 한 면의 양극화 현상으로 나타나는 반응은 우울증, 정신분열, 공황장애, 강박증 등 앞선 충동과는 달리 억누르고 참아내는 과정 속에서 발생하는 정신적인 고통의 반응이 아닐까 생각된다. 이것 또한 건강하지 못한 정신 감정에서 나오는 것들이다. 이런 일들이 반복되면 자신도 모르게 상대를 향해 표출되는 분노의 공격을 하든지 아니면 가슴에 묻어 두고 있지만 상대를 향한 마음은 원망과 미움의 감정이 자신을 짓누르는 우울증과 정신분열의 형태로 나타날 수 있다는 것이다. 분노를 표출하는 것이나 자신의 가슴에 담아두고 참아내는 것이나 동일한 양극화 현상이다. 표현되는 것이 다를 뿐이지 그 반응은 자신을 괴롭히느냐 아니면 상대를 괴롭히느냐일 텐데 결국은 스스로를 힘들게 하며 살아가는 건강하지 못한 정신 감정들이다. 우리는 여기서 건강한 정신감정 표현하는 의식을 가져야 한다. 분노나 본성적인 표현이 아니라 자신의 감정을 조절하여 건강하게 표현을 해야 할 것이며, 무조건적 참는 것으로 억눌려 고통당할 것이 아니라 억울한 감정, 속상한 감정이 자리 잡지 못하도록 자신의 표현을 차분히 하는 방법을 찾는 것도 정신관리에 많은 유익함을 가져다준다.

사회적 돌봄

사람이 살면서 자기의 목소리를 낼 수 있는 것은 당연한 것이라고 말할 수 있겠으나 그러나 함께 살아가는 공동체 안에서는 그 소리가 자신만을 위한 소리가 된다는 것은 또 다른 사람에게는 불편함도 될 수 있는 것이다. 최근 우리 사회에서 일어나고 있는 각양 계층들마다 자신의 소리를 내기 위해 집단적으로 행동하는 일들이 자주 일어나고 있다. 이러한 문제들은 집단 이기주의의 행동들이다. 물론 집단에 불이익이든지, 공정하지 못할 때 의견을 낼 수도 있다. 그러나 이러한 일들이 사회 구성원으로 살아가면서 각양 각처에서 자신들만의 목소리를 내게 된다면 우리 사회는 혼란에 빠져들게 될 것이다. 이기주의와 더불어 나타나는 양극화의 반응들은 자기 자신의 내면의 소리를 외면하고 타인에게만 맞추고 살아가고 있는 유형들의 사람들이다. 일반적으로 이타주의, 자존감의 상실에서 나타나는 반응일 수도 있고 그 한 부분의 이면에는 인정욕구의 방어기재로 나타나는 반응일 수도 있다. 뒷부분에 가서 언급하겠지만 이 역시 건강한 사회적 준비에서 나타나는 반응들이 아니라는 것이다. 특히 그리스도인으로서의 사회에서 역할은 너무 소중하다는 것을 다 알고는 있지만 실제 사회 속에서 비춰진 그리스도인의 모습은 우리가 사회에서의 역할과 삶에 대한 중요성을 인식하는 것과는 또 다른 모습을 보게 된다. 그 원인이 무엇일까? 교회생활과 사회생활의 이원론적인 의식 속에 길들여진 그리스도인들의 모습이 만들어낸 결과일 수도 있다. 책임은 교회의 지도자들에게 먼저 물어야 할 것이다. 교회 안의 종교인으로 길들이지 말고 세상을 향해 어떤 사명의식으로 살아야 하는지를 일깨워 주지 못한 책임일 것이다. 이로 말미암아 교회는 단순히 하나님께서 세우신 사회의 한 복지기관으로 전락시켰는지도 모른다. 이 모두는 기독교의 참된 진리를 잘못 이해하는 문제에서 발생했다고 보아야 할 것이다. 그리스도인들은 일관성 있게 주어진 지금 사회에서의 생활과 관심사에 적극적인 자신의 사명을 표명할 수 있는 참된 그리스도인이 되어야 하며, 하나님의 부르심 앞에 사회적 책임

의식을 가지고 우리 삶의 방향을 분명히 하고 세상을 향해 동기를 부여할 수 있는 인정된 그리스도인으로서 사회적 책임을 다해야 할 것이다.

영적 돌봄

지금 시대는 신앙의 순수성을 잃어버리고 무엇이 절대 진리인지를 착각할 정도로 사회의 발전과 더불어 정보의 홍수 속에 혼란을 겪고 살아가고 있는 것이 우리의 현실이다. 물론 정보의 다양성이 우리에게 주는 유익한 점도 많다. 이런 정보의 다양성 속에서 바른 진리를 깨닫고 신앙의 길을 가는 것은 우리 개인의 선택이고 책임이기에 더욱 중요함을 인식하고 깨어 있어야 할 때이다. 특히 영적 생활을 처음 시작하는 사람에게는 신앙의 출발점이 중요하기에 어떤 환경을 통해 주님을 만났는가에 따라 신앙관이 여러 형태의 모습으로 달라지기 때문에 영혼을 향한 책임 있는 복음을 전하는 것은 이 시대의 지도자로 자청하고 나선 사람들의 책임이 더욱 크다는 사실을 간과해서는 안 될 것이다. 신앙은 단순히 기독교 교리나 도그마를 전달하는 것이 아니다. 부모의 입장에서 자녀를 출산하고 양육하는 과정을 우리는 너무나 잘 알고 있다. 신앙을 통한 영적 출생과 양육은 어떠한가? 사도 바울은 "그리스도 안에 일만 스승이 있으되 아비는 많지 아니하니 그리스도 예수 안에서 복음으로써 내가 너희를 낳았음이라(고전 4:15)"고 했다. 당시도 많은 사람이 하늘의 것을 가르친다고 했으니 스승은 많았다. 하지만 예수와 한 몸을 이루어 예수의 생명을 소유한 사도 바울이었기에 디모데와 디도를 향해서도 "내가 너를 낳았다"고 할 수 있었으니 생명을 주는 진정한 스승이요 아비였던 것이다.

인도에서는 스승을 '구루(Guru)', 제자를 '시크(Sikh)'라 하며, 비록 아들이라도 구루가 되면 아버지가 무릎을 꿇고 그 발에 입을 맞추며 제자로서의 존경을 표시한다. 이는 진실하고 아름다운 인간관계이며, 스승의 본질적 개념은 나이와 직책과 어떠한 관계에 있음이 아님을 표현하고 있기도 하다. 또한 스승은 단지 기술 전수자나 지식을 가르쳐 주는 선생의 개념이 아니다. 스승과 제자는 일반적 가치를 넘어선 생명과 지혜를 나누는 존재로서의 높은 차원의 의미를 두고 있음을 깨닫게 한다.

상담사역을 하면서 가장 중요하게 다루어져야 할 부분은 진정한 자신과의 만남이고 만남을 통해 하나님 앞에 자신을 세우는 일이며 하나님 앞에 자신을 세우면서 지금까지 걸어온 나의 삶에 영적 혼란이 어떤 인생의 길을 걸어오게 되었는지를 보여 주기 때문이다.

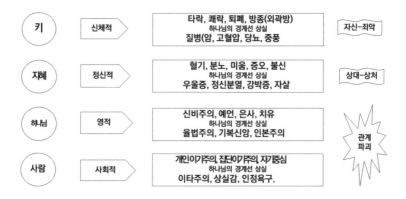

전인격적 관계에 나타나고 있는 장애 요소

키	신체적 ▷	타락, 쾌락, 퇴폐, 방종(외곽방) 하나님의 경계선 상실 질병(암, 고혈압, 당뇨, 중풍	자신-죄악
지혜	정신적 ▷	혈기, 분노, 미움, 증오, 불신 하나님의 경계선 상실 우울증, 정신분열, 강박증, 자살	상대-상처
하나님	영적 ▷	신비주의, 예언, 은사, 치유 하나님의 경계선 상실 율법주의, 기복신앙, 인본주의	관계 파괴
사람	사회적 ▷	개인이기주의, 집단이기주의, 자기중심 하나님의 경계선 상실 이타주의, 상실감, 인정욕구,	

우리 기독교 안에서 나타나고 있는 신앙 양극화 상태를 보면 극과 극으로 가고 있음을 잘 보여 주고 있다. 특히 신비주의, 은사주의, 눈에 드러나 보여지는 것, 표적, 예언 등, 이와 더불어 또 다른 반응은 지나친 인본주의, 조직신앙, 제도신앙, 기복신앙, 율법주의 등이다.

이러한 방향으로 나타나는 것 또한 성경을 바르게 이해하지 못한 결과들이며 그 반응은 세상 사람들이 교회를 향해 보내는 메시지 속에서도 잘 알 수 있다. 다시 말해 올바른 영적 관리가 없는 믿음 중심의 기독교를 강조하다 보니 보이는 현실에 눈이 가리워져 이 일들을 행하고 있는 자신마저도 무엇을 향해 가고 있는지 스스로의 체면에 갇혀 있는 것은 아닌지 돌아보아야 할 것이다.

문제를 대하는 책임

우리 인격의 문제부터 돌아볼 필요가 있다고 생각된다. 누구나가 다 갖추어서 책임을 감당하는 것은 아니다. 그렇지만 그 일을 하기 위해서는 완벽하게 갖추지는 못할 지라도 경험도 있어야 하고 내용도 알아야 한다. 그 실체는 자신으로부터 시작되어야 하는 것이다.

인간은 하나님의 바른 조명 없이는 자신의 모습을 절대 알 수도 없고 볼 수도 없다. 그래서 하나님은 우리에게 예배라는 소중한 날들을 주신 것이다. 예배는 하나님께 영광을 돌리는 것이 아니라 나를 보는 것이고 이웃을 아는 것이고 그와 더불어 하나님을 알아가는 것이다. 이렇게 될 때 하나님께 영광이 될 것이다. 자기 자신을 포장하고 어떤 목적 중심, 행위 중심의 일들로 하나님을 만날 수 있는 것은 아니다. 그러나 놀랍게도 우리 안에서 나타나고 있는 문제들의 배경에는 하나님과는 전혀 상관없는 일들로 가면을 쓰고 자신을 드러내어 놓기 보다는 자기식의 신앙관으로 그것도 하나님을 예배한다고 행하고 있는 것이다.

필자는 간혹 목회자를 세우는 일에 한 역할을 맡아 목회자로 세워질 준비하는 자들에게 질문을 해 보는 기회들이 주어질 때 자신이나 부부가 서로 상담치유를 경험 해 본적이 있느냐고 질문해 보면 경험해 보았다는 준비생들을 만난 적도 없고 들어본 적도 없다. 목회는 누구보다 정말 자신이 누구인지를 자신 안에 인간으로서의 연약한 점이 무엇인지, 무엇으로 고민하며 살아가고 있는지, 배우자와 직접 상담치유의 경험을 해 보지 않으면 이론이나 학문으로는 이해하고 있다고 말할 수 있을지 모르겠으나 실제로는 알지 못한 채 사람을 대하고 있다는 것을 인정해야 할 것이다. 만약 이런 문제를 인식하지 않는다면 누구도 아닌 자기 자신을 속이는 자로 살아가게 될 것이다. 이 글을 쓰고 있는 필자 역시 내가 누구인지를 알고 목회자가 되고 사역을 시작한 것은 아니다. 신앙생활 중 사명에 대한 헌신을 하게 되었고 신학이라는 과정을 마치면서 목회자의 길로 들어섰던 것이다. 사람은 누구나 후회하면서 사는 존재인 것처럼 지금도 딱히 나를 더 알아 갈 뿐이지 다 알았다고 표현하는 것은 아니다. 그러나 알지 못하고 했던 사역들은 생각조차도 싫을 뿐더러 그 당시에 함께 했던 분들에게 너무 죄송스럽고 부끄러워서 어떤 분들 중에는 찾아가 용서를 빌기도 했다.

사역을 하던 중에 하나님의 인도하심이 있었기에 자신을 드러내는 상담치유를 할 수 있었다. 물론 그 과정을 거치면서 온전히 내면의 문제가 다 해결된 것은 아니었기에 지금도 누구의 표현을 빌리자면 "공사 중"이다 나를 찾아가는 삶을 찾아가기 위해 새로운 인식과 직면을 경험하면서 회복의 과정을 가고 있는 것이다.

혼 적인(인격) 문제속에 나타나는 현상들

우리 인격에 자리 잡고 있는 지(知) 정(情) 의(意)를 통한 인격의 문제는 지(知)는 사고(思考)로 정(情)은 감정(感情)으로 의(意)는 행동(行動)으로 연결된다.

이러한 인격에 문제로 나타나는 요인들을 살펴보면 사고(思考)에 "올바른 지식"이 들어오면 잘못된 지식은 계속 "오해"를 하게 되고 "오해"는 결국 관계파괴의 비극으로 나타나게 된다.

잘못된 지식은 감정(感情)의 영역에 "부정적 마음"을 갖게 만들고

"부정적 마음"은 결국 상처를 받게 되므로 그 상처의 반응은 결국 남탓 (투사)을 하게 된다. 이런 반응은 행동(行動)에까지 영향력을 나타내게 만들어 잘못된 지식으로 오해를 함으로 관계는 파괴되고 감정은 부정 적 마음이 되어 받은 상처는 투사를 함으로 행동은 결국 타락된 행동으 로 죄악을 범하게 되며 본인 스스로는 아무 문제없다는 듯이 자기합리 화를 하며 살아가게 된다. 자기 합리화의 사고는 자신을 돌아보지 못하 게 할 뿐만 아니라 자기고집과 타인에 대한 비난과 정죄로 변질된 생활 만 반복되고 해결되지 않는 고통 속에 불행의 삶을 살게 된다.

이러한 불행의 삶에서 헤어날 수 있는 길은 자신의 삶을 돌아볼 수 있는 하나님의 조명 앞에 자신을 내어놓을 수 있는 절대적인 용 기가 필요하다. 그래야만 회복의 길을 발견할 수 있고 자기 자신이 누구인가를 바르게 알 수 있을 뿐만 아니라 자신을 온전히 앎으로 하나님 앞에 자신을 세울 수 있는 기회가 될 것이다. 여기서부터 진 정한 하나님과 죄인 된 자신과의 만남이 주어질 것이다. 이것이 회 복의 길이며 자신을 찾는 길이다.

이 회복은 문제의 소용돌이 속에 살아온 자신을 직면하지 않고서는 회복할 수 없는 것이다.

여기에는 절대적인 자신을 있는 그대로를 내놓을 수 있는 용기와 결 단이 필요하고 인간의 의지 속에 성령의 도우심이 함께 해 주실 때 진 정한 치유가 일어나게 된다. 정리하자면 회복케 되는 길은 앞서 언급한 내용을 인식하면서 왜곡된 인격의 지(知) 정(情) 의(意)를 통한 조명(照

明)이 주어질 때 영혼은 살아나고 자신의 삶은 깨어나게 되는 것이다.

인격에 문제로 나타나는 요인들을 살펴보면 사고(思考)에 "올바른 지식"이 들어오면 잘못된 지식은 "이해"를 하게 되고 "이해"는 결국 관계회복의 축복으로 나타나게 된다.

올바른 지식은 감정(感情)의 영역에 "긍정적 마음"을 갖게 만들고 "긍정적 마음"은 상대를 향해 상처를 받는 것이 아니라 상대를 이해하게 됨으로 용서가 자발적으로 내 안에서 일어나게 된다. 상대의 약한 부분이 받아들여지고 인정되는 것이다. 이렇게 되면 자연히 올바른 지식과 긍정적 마음으로 자신의 행동은 상대를 향해 축복된 행동으로 대할 수밖에 없을 것이다. 그리고 본인 스스로는 상대를 잘 알지 못했고 이해하지 못하고 오히려 상처 받았다고 생각하고 상대를 정죄하고 비난한 것에 대한 진정한 회개의 역사가 일어나도록 성령께서 일깨워 줄 뿐만 아니라 이렇게 고백되는 인격 속에서는 놀라운 변화의 역사들이 나타나게 된다. 이런 변화의 경험을 하게 됨으로 그동안 몰랐던 진정한 자신을 발견하는 시간이 되고 더 나아가 주변과의 관계가 얼마나 중요한가를 돌아보게 되며 스스로 변화된 삶을 통하여 하나님이 주신 은혜와 축복을 경험하는 삶을 살게 되는 것이다.

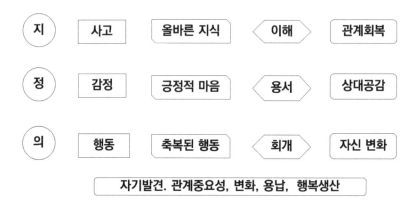

혼 적인(인격) 회복과 변화의 나타나는 현상들

지	사고	올바른 지식	이해	관계회복
정	감정	긍정적 마음	용서	상대공감
의	행동	축복된 행동	회개	자신 변화

자기발견. 관계중요성, 변화, 용납, 행복생산

이제는 병원으로 치면 실제 수술대 위에 올라가야 한다. 그래야만 내 안에 자리 잡고 있는 불순물들을 제거할 수 있다. 지금 우리의 삶을 통해 확인해 보는 것도 괜찮을 것 같다. 유튜브에 '왜 육신의 건강검진은 하면서 마음의 건강 검진은 하지 않으십니까?' 하고 영상을 올린 적이 있다. 분명히 말하고 싶은 것은 육신의 모든 질병이 생기는 원인이 마음에 있다는 사실을 우리는 너무나 잘 알고 있다. 하지만 이것이 사실로 인정하고 있는 것과는 달리 지금 큰 문제 없으니까 쉽게 넘겨버리는 것이 대부분의 우리 삶이다. 의사들이 한결같이 환자들에게 하는 소리가 있다. 스트레스 많이 받으면 안 된다고 한다. 그렇다 그럼 우리는 스트레스를 받을 때 몸으로 받는지 마음 혹은 정신으로 받는지 너무나 잘 알고 있다.

오래전 아는 지인의 생일 초대를 받아 간 적이 있다. 그 생일의 주인공은 다름 아닌 병원 의사 선생님이셨다. 여러 대화를 하던 중 나에게 이런 질문을 해왔다. 상담치유를 어떻게 하고 계시느냐는 질문이었다. 오랫동안 해 왔던 일이었기에 더군다나 의사 선생님 앞이니까 조금 구체적이고 현실적인 이야기로 답변을 드렸다. 제가 하고 있는 사역을 합리화하려고 하는 이야기가 아니니 오해가 없이 이글을 이해해 주었으면 하는 바람으로 정리를 해 본다. 그분의 표현은 이러했다. "제가 하고 있는 사역의 스토리를 들어보니 병원의 의사들은 몸에 나타나는 증상으로 질병이 발병되었을 때 오는 환자들을 대부분 치료하고 수술하는 상태이지만 제가 하고 있는 사역은 질병이 생기기 전의 사람들과 병이 생길 수밖에 없는 사람들을 치유함으로써 질병 예방을 하는 치유를 하고 있다고 말씀해 주서서 중요한 사역을 하고 있음을 재확인 할 수 있는 시간들이었고 나중에 지인을 통해 전해들은 이야기는 저의 사역의 중요성을 의사의 입장에서도 생각하고 환자를 대하면 좋을 것 같습니다."고 공감하는 것을 전해들을 수 있었다. 그리고 의사 선생님으로부터 들은 이야기는 지금도 상담치유 사역을 해 나가는 데 크나큰 힘이 되고 있다.

또 한 분의 예를 들면 지금도 현역에서 활동하고 계신 분이라 그분의 실명을 말할 수는 없지만 현직 내과 의사선생님으로 병원을 운영 중이시고 상담대학원 대학원장으로 교직에 계신 분이시며 외국 유학 중 상담치유 전문 학위까지 받고 오신 분이셨다. 집회를 초청해 준 과정은 이러했다. 나는 의사 선생님을 전혀 알지 못하는 분이셨고 그분 역시 저를 잘 알 수도 없을뿐더러 일면식 없는 분이셨는데 누군가의 소개로 초청을 받아 집회 겸 강의를 한 적이 있다. 오전에는 강의와 저녁시간은 집회로 진행되었는데 초청해 준 교회 목사님, 사모님, 시간마다 참석하시면서 오히려 집회하러 온 강사를 위로하고 격려해 주었다. 집회 중 잠시 휴식시간에 대화를 해 보면서 많은 도전이 되었던 기억이 새롭게 떠올랐다. 오히려 나 자신이 그분에게 많은 것을 배워야 할 분이셨고 나의 부족한 부분에 대하여 도움을 청하고 싶은 마음이었다. 모두를 이야기를 할 순 없지만 기억되는 것은 지금까지 살아오면서 이렇게 겸손한 삶을 살아가는 분이 있을까? 할 정도로 짧은 3일 기간이었지만 집회 강사로 초청받아 간 나 자신을 돌아보게 하며 부끄러움을 느끼게 하는 소중한 교제의 시간이었다. 집회를 끝낸 후 돌아오는 길에 의사 선생님이 나에게 던진 마지막 말씀은 나에게 더 새롭게 다가왔다. 내용인 즉, 3일간 강의 집회를 끝난 후 정리를 해 보니 자신이 해야 될 일을 깨닫게 되었는데 그것은 다름 아닌 논문을 새로 집필하겠다는 것이었다. 사실 그 표현의 의미를 당시에는 잘 이해를 못했었는데 몇 년 후 그분이 보내 준 논문을 읽으면서 무엇 때문에 그 당시에 그 말씀을 하셨는지 이해할 수 있었던 기억이 난다.

이제는 우리 안에 있는 불순물들을 제거하는 작업에 돌입해야 한다. 단지 지금 현실에 실제적인 영향을 주지 않는 것처럼 살아가고 있지만 "아니 땐 굴뚝에 연기 날까?"라는 말처럼 이미 우리 삶의 영역에서 나타나고는 있지만 심각하게 받아들이지 않기 때문일 것이다. 우리가 흔히 말하는 잠재의식 속에 내재된 상태로 언젠가는 영향이 나타나게 되어 있다. 사람의 인격을 지배하는 잘못된 지식으로 인하여 받게 되는 상처와 상처의 반응으로 우리가 저지르고 있는 죄악 된 행동들은 서로의 관계에서 주거니 받거니 하고 있다. 그러나 내재된 뿌리 깊은 상처들은 결국 사람의 모든 인격 속에서 드러나는 모습들이다. 어떤 경우는 사람의 정신, 생각, 관계, 표정, 행동, 말에 모두 드러나고 있는 것들이다. 마치 컴퓨터 안에 바이러스 프로그램이 침투해 있으면 컴퓨터가 원활하게 돌아가지 않듯이 우리 인간도 마찬가지다. 상처받은 마음은 마치 바이스러와 같다. 그래서 뭔지 모르게 내 주변과의 관계가 원만하지 못하다는 것을 자신도 분명 느끼게 된다. 이제는 그 상처 앞에 구체적인 직면을 통하여 해결하는 작업이 필요하다. 마치 수술대 위에서 마취를 통해 종양을 제거하듯이 우리는 성령에 이끌려 내 삶을 불편하게 만들고 있는 불순물을 제거하는 작업을 해야 한다. 위의 그림은 그런 의미에서 상처로 인한 현장이 있고 대상이 있다. 참고 지내 오는 게 익숙해져 있었고 중요하게 생각지 않았는데 절대로 별일 아닐 수는 없는 것이다. 상처를 제거하는 치유를 하다 보면 본인도 생각지 못했던 놀라운 발견을 하게 된다.

상담치유의 슈퍼비전 치유과정

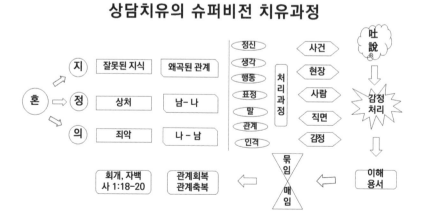

지금까지 살아오면서 묶이게 했고 매이게 했던 모든 일들이 무엇 때문에 발생하게 되었는지 그 원인이 어디에 있었는지, 그야말로 새로운 신비의 경험을 하면서 그토록 미워했고 원망했고 죽이고 싶었던 그 사람에 대한 증오의 감정이 사라지고 영혼의 실체를 보면서 충분히 마음이 이해되고 나아가 그런 사람을 이해하지 못하고 미워했던 자신에 대하여 부끄러움을 느끼게 되는 것이다. 이 놀라운 모든 일들은 성령의 인도하심 속에 한 꺼풀이 벗겨진 새로운 세계의 축복과 비밀을 경험하게 될 것이다. 이 역시 말로만 할 수 있는 표현은 절대 될 수 없다는 것을 말하고 싶다. 아무리 이론을 말해도 본인 치유의 과정을 경험하면서 알게 되고 깨닫게 되는 것은 수십 년 지난다고 알아지는 일도 아닐뿐더러 알 수도 없는 일이기 때문이다.

이 모든 일들은 앞에서도 말한 바와 같이 누구의 강요나 요구에 의해 되는 것은 결코 아니다. 스스로 고백할 수밖에 없고 스스로 고백되는 것이기 때문이다. 이것이 성령의 조명 속에 일어날 수 있는 일들이다. 그동안 풀어지지 않았던 묶임과 매임의 문제를 해결할 수 있는 길이 보여지면서 상대를 향해서는 용서를 자신을 향해서는 인간의 힘으로 할 수 없었던 회개의 역사를 경험하게 된다. 수십 년 신앙생활 해 온 사람들에게도 이런 경험들은 인생에 쉽게 경험할 수 있는 일들이 아니기 때문이다.

상담치유의 근본적인 목표

하나님과 관계회복

창조신앙 회복

영혼구원 & 사명성취

자신회복, 변화, 성숙

인간관계, 삶의회복

용기 있는 선택의 길

주위를 둘러보면 너도 나도 힘들다고 아우성이다. 얽히고설킨 인간관계와 직장생활, 가족 간의 불화와 빈부격차, 외모 지상주의 등 갖가지 이유들로 상처받은 사람들이 제대로 치유할 엄두도 내지 못한 채 오늘 하루도 버텨내고 있는 것이다. 경계선 원리에 보면 사람이 할 수 있는 일과 해서는 안 되는 일이 있다. 하나님 자신도 우리를 향해 사람이 해야 될 일과 하나님께서 하시는 일에 경계선을 두고 우리를 통치해 가시고 계신다. 그리고 우리 자신을 돌아보면 나름대로의 아쉬움을 가지며 용기 있는 선택보다 선택을 미룸으로 오는 후회도 많이 하게 된다. 거듭 강조하는 말씀 같지만 내면의 정직함을 표현하는 데는 용기가 필요하다. 내가 숨기고 싶었고 감추고 싶었던, 아무에게도 들키고 싶지 않았던 나의 치부를 대중에게 드러내야 하기 때문이다. 이런 솔직함은 사실 아무나 할 수 있는 것이 아니다. 나의 치부를 드러내어도 괜찮을 것이라는 믿음, 다른 이의 판단이나 비난보다는 나답게 솔직하게 살고 싶은 욕구가 훨씬 커야 가능하기 때문이다. 그 말은 어떤 면에서 타인의 비판이나 판단을 받아들일 준비도 되어야 하고 때론 타인의 기준이나 인정을 버릴 용기도 동반되어야 한다. 그래서 어렵다. 마음이 건강한 사람은 오히려 자신의 아픔, 상처 혹은 실수를 충분히 숙고해서 감정적으로 풀어야 할 것은 풀어내고 고쳐야 할 것은 바로잡아 가며 사는 사람이다. 그래서 비슷한 상황이 오더라도 감당하고 감내하며 살아갈 수 있다. 그래서 치유는 성장을 일으킨다. 그러나 회피하는 사람들은 비슷한 상황을 맞닥뜨리지 않도록 도망가기에 바쁘다. 마음의 치유를 위해서도 엄청난 용기가 필요하다. 다시는 기억하고 싶지 않은 고통스러운 트라우마를 끄집어내는 일, 무기력하게 당하기만 했던 연약했던 자신을 돌아보는 일, 부모에게라도 사랑받고 싶어서 애썼던 어린 나를 마주하는 일, 누군가를 미워하고 질투하고 증오했던 모든 일들을 끄집어내는 일은 용기 있는 사람이 아니고선 시작할 수 없는 일이기 때문이다. 그러므로 치료의 시작은 내담자가 그 용기를 가지게 하는 것이다. 두려운 트라우마 기억가운데 함께해 주고 아픈 상처를 함께 들여봐 주고, 무기력하고 연약했던 내면의 어린아이를 지지하고 격려해서 스스로 일어나게 함으로 다시 건강하게 살아갈 수 있게 해 주는 것이다. 따라서 어떤 면에서 치유는 내담자 본인이 용기를 가지고 자신의 마음을 직면해야 가능하다. 이 용기가 없다면 직면이 되지도 않을뿐더러 당연히 치유도 일어나지 않는다.

치유와 회복은 어쩌면 자기답게 살지 못하던 사람을 자기답게 살도록 도와주는 것이다. 한마디로 자신을 포장하지도 부정하지도 또 혐오하지도 않고 사는 것이다. 이 과정은 때로는 자신을 멀리서 객관적으로 바라보아야 하기도 하고 때로는 겹겹이 감추어 왔던 너무나 연약하고 불완전한 내면으로 깊숙이 들어가기도 한다. 그래서 쉽지 않은 일이다. 이 힘든 과정을 그럼에도 불구하고 해 보겠다는 용기가 필요한 사람들만이 가는 길이다. 그래서 치유는 어쩌면 용기 있는 자들의 결과물이기에 매우 특별한 것인 것이다. 상처가 회복된 사람들은 상처받지 않은 사람들 보다 훨씬 성숙해지고 내면이 단단해지는 것이다. 회복과 치유에 대한 갈망 전에 내가 그만큼 준비되어 있는지 돌아보는 것이 먼저이다. 큰 수술을 시작하기 전에 체력이 준비되어 있어야 하는 것처럼. 자신과 세상에 대한 신뢰를 회복함으로 용기를 가져야 치유의 과정을 견딜 수 있다. 그렇게 모두 용기 있는 사람이 되기를 바라 본다.

헤브론을 향하여 가는 길...

5부

비전을 보면서 가는 길

하나님의 비전을 성취하라

시대의 문제를 고민했던 요셉의 꿈

정보와 문화의 발달로 우리가 생각지 못했던 중독의 유형들이 앞으로 더 많이 나타날 것이다. 이런 사회적인 문제를 해결하기 위해 교회는 시대의 문제를 읽는 영적 통찰력이 있어야 한다. 지금 우리 주변에서 교회가 중독으로 병들어 가는 세상을 향해 안타까워하며 고통을 해결하기 위한 대안점을 제시해 주고 있는가? 안타까운 일이다. 어느 대형교회의 목회자는 자신의 가정 문제로 고통받으면서 겪은 아픔을 토로하면서 교회 안에 시급하게 필요한 것이 상담사역이고 치유를 위한 프로그램이 필요하다는 것을 강조했다. 은사의 기준에 맞추고 우리와는 상관없는 일이라고 방어적 자세만 취할 것이 아니라 이런 시대적 현실 앞에 어떤 기관보다도 깨어 있어야 할 곳이 교회이고 교회는 우리 사회의 시대적 책임의식과 위기감을 느끼면서 준비해야 한다.

창세기에 나오는 요셉은 정말 하나님의 구원을 받은 자는 어떻게 사는 것인지 잘 보여 주고 있다. 하나님께서는 요셉의 마음에 품은 꿈을 아시고 하나님의 일을 할 수 있는 사람으로 만들어가는 작업을 준비하고 계셨다 그 첫째가 아버지 집을 떠나는 것이다. 결국 팔려가는 신세였다. 외톨이 신세, 밑바닥인생, 종이 되는 신세가 된 것이다. 하나님의 자리는 종의 자리이다. 종의 자리에 있을 때 하나님 음성이 들리게 된다. 마치 아버지 야곱이 삼촌 라반의 집에서 가장 밑바닥 생활했다.

두 번째는 모든 것을 뒤집어쓰는 신세가 된다. 보디발의 집에서 일어난 사건으로 요셉은 변명하지 않았다. 본인이 다 뒤집어썼다. 내가 할 수 있는 것은 보디발의 가정을 지키는 것이다. 보디발에게 그동안 받은 은혜 다 갚을 수 있는 기회로 받아들였다. 셋째는 더 비워지는 자리로 이끌어 가셨다.

바로 앞에 서는 요셉

감옥행으로 가는 길, 사실 요셉의 진면목은 감옥에서 드러나고 있다. 간수장이 요셉에게 감옥의 모든 대사를 맡겼다. 요셉은 감옥에서도 종노릇 했다는 것이다. 떡과 술 맡은 관원장들은 자신의 속내를 요셉에게 다 털어놓았다. 이 모든 일들의 배경에는 하나님께서 요셉을 사용하시기 위해 만들어 가시는 과정 중에 있음을 보여 주고 있다. 나에게 다가오는 시련과 고난은 무엇을 말하고 있는가? 내 방법, 노력으로 해결하려고 발버둥치지 말라는 것이다. 내동댕이쳐진 신세처럼 되었을 때 어느 날 옥문이 열렸다. 어차피 살아가야 할 우리 인생이라면 뜻이 있는 곳에 길이 있다. 내가 준비가 안 되고 있을 뿐이다. 길은 항상 있기 마련이다. 요셉의 인생스토리는 과거 창세기라는 책속에 있는 것이 아니라 오늘을 살아가는 나의 현실에 있는 일이다. 하나님께서는 요셉을 통해 하나님의 뜻을 드러내시기 위해 비명시적 사건들을 통해 요셉을 만들어 가시고 계시며 때가 이르매 어느 날 명시적인 현장으로 이끌어 내시고 있는 것이다. 이것이 구원받은 자의 삶은 어떻게 살아가야 한다는 것을 보이고 계신 것이다.

바로가 꾸었던 꿈은 앞으로 일어나게 될 국정운영과 연관된 것들이다. (일곱 암소, 살찐 소, 파리한 소)

요셉은 밑바닥 노예의 입장에서 조명해 보았다. 요셉의 생각 속에는 밑바닥 사람들의 삶이었다.

시대의 부패 속에서 요셉이 바로의 말을 듣고 보니 보이는 것이 있었다. 요셉이 이러한 것을 볼 수 있었던 것은 자신이 살아온 삶이 있었기에 볼 수 있는 것이다. 이것을 볼 수 있는 삶으로 해석하는 것은 아브라함, 이삭, 야곱, 요셉 이들에게는 삶이 있었기 때문이다.

살아온 삶이 있기에 보이는 것이고 알아지는 것이다. 보여지지 않는 것은 살아놓은 삶이 없기 때문이다. 요셉의 국정방향 제시는 시대의 양극화 문제였다. 바로가 이 사실을 듣고 탄복했다.

바로는 요셉을 보면서 "이제 내가 사람하나 찾았다. 내가 찾고 싶었던 사람하나 얻었다"라고 했다.

하나님을 만나기 위해 나아가는 길을 살아온 삶 없이는 불가능하다.

요셉의 고민, 하나님의 고민

하나님은 요셉을 통해 이스라엘 백성들만 살린 것이 아니라 애굽의 많은 백성들도 함께 살려낸 것이다. 요셉은 창세기를 통해 오늘을 살아가는 현대 크리스천들에게 세상의 고통에 관심을 좀 가지라고 호소할 것이다. 하나님은 요셉을 통해 구원받은 자의 삶이란 이렇게 살아야 된다는 것을 일깨워 주고 있다. 요셉의 직위가 총리라는 것도 중요하지만 요셉의 신앙의 절정은 총리가 된 후 보여 준 시대를 향한 하나님의 심정이었다. 굶주림에 시달린 수많은 사람들이 죽어가고 있는 것을 그냥 볼 수 없었던 것이다. 다시 말해 요셉은 철저히 하나님의 희년정신을 본인의 삶을 통해 실천하고 있다. 독일신학자 디트리히 본회퍼의 표현처럼 하나님 임재 앞에서 하나님이 계시지 않은 것처럼 하나님과 함께 살았다.

지금 이 시대는 굶어 죽어가는 사람들의 심각성보다 정신적 고통과 스트레스에 시달리며 힘든 삶을 살아가고 있다. "한국인 10명 중 4명이 우울증이나 우울감에 시달리고 있다."

코로나 팬데믹이 세계적으로 인구의 정신건강에 막대한 악영향을 끼친 것으로 나타났다. 코로나 위기가 불안증상·우울증 등 인구 정신건강에 미치는 영향에 효과적으로 대응하기 위해서는 정신 건강 지원을 개선하기 위한 통합 및 부문 간 정책적 지원이 절실하다는 지적도 제기됐다.

교회는 세상의 신음 소리를 들으라

한국의 정신건강 지표엔 빨간불이 켜졌다. OECD 회원국 중 우울증 1위, 불안증상 4위로 나타나 심각성을 더했다. 우울증 유병률에서는 한국이 단연 1위로 집계됐다. 어떤 이는 이 고통에서 벗어나기 위해 허우적거리다가 중독에 빠져 아우성을 치고 있고 어느 연예인 중독자는 인터뷰에 나와 자신의 중독 상태를 밝히며 고백하기를 세상이 혼란 속에 빠져들고 있는데 누군가는 나와서 말해야 되지 않겠느냐며 자신의 방송 출연 배경을 밝혔다. 교회는 세상의 이런 소리를 하나님의 음성으로 들어야 한다. 세상을 향해 깊은 관심을 가지고 이들의 신음 소리를 들어야 할 것이며 세상에서뿐 아니라 교회 안에서도 드러나지 않은 감추어진 중독자들의 문제를 다룰 수 있는 환경을 만들어야 할 것이다. 요셉이 가슴에 품고 살았던 꿈은 그 시대에 굶어 죽어가는 사람들을 바라보면서 어떻게 하면 저 고통에서 벗어날 수 있도록 할 수 있을까? 항상 고민해 왔었고 그 고민은 하나님의 고민이었다. 사실 지금까지 교회는 너무 개인 영혼구원에만 초점을 맞추어 개인 생활과 교회 중심의 생활에만 포커스를 맞추고 왔다. 여기에는 하나님의 구속사적인 전반에 대한 바른 이해 보다 사람중심, 조직중심의 제도 속에 갇혀 세상을 향해 나아가지 못한 문제도 분명 있을 것이다. 이제는 하나님의 세상구원이라는 큰 목적 안에서 생각하고 나아가는 우리의 패러다임을 바꾸어야 한다. 그래야만 세상을 구원하고자 하는 하나님의 뜻이 이루어질 수 있기 때문이다. 지금 우리도 교회도 세상을 보면서 보여지는 것이 있어야 한다. 그리고 세상을 향한 책임의식, 사명의식을 감당할 수 있도록 준비해야 한다. 요셉은 그런 관점에서 자신에게 주어진 시대의 책임을 감당하기 위한 꿈을 가슴에 품고 어떻게 살아왔는가를 보여 주고 있다.

밀레노 칙령을 이루어내기까지

이스라엘의 칙령의 역사

이스라엘 역사에 칙령은 여러 번 있었다. 그중에 고레스 칙령은 BC 538년 고레스에 의해 공표되었고 또 한 번은 AD 313년 6월 밀라노에서 로마의 두 황제 콘스탄티누스와 리키니우스가 했다. 물론 하나님의 계획 속에 된 일들이었지만 이 칙령이 이루어지기까지 하나님께서 사용하고 계신 스토리가 있다.

"바벨론 강가에서… 하나님의 길(the Way)"

"여호와께서 이와 같이 말씀하시니라 바벨론에서 칠십 년이 차면 내가 너희를 돌보고 나의 선한 말을 너희에게 성취하여 너희를 이 곳으로 돌아오게 하리라(렘 29:10)"

그 70년이 차기 바로 직전, 결코 무너지지 않을 것 같았던 바벨론의 마르둑과 이쉬타르가 고레스에 의해 무너졌다. 고레스란 이름을 들었을 때, 그들은 얼마나 전율했을까? 바로 150년 전 이사야에 의해 예언 되었기 때문이다.

"여호와께서 그의 기름 부음을 받은 고레스에게 이같이 말씀하시되 내가 그의 오른손을 붙들고 그 앞에 열국을 항복하게 하며 내가 왕들의 허리를 풀어 그 앞에 문들을 열고 성문들이 닫히지 못하게 하리라(사 45:1)" 하나님은 결단코 그들을 버리시거나 포기하신 것이 아니었다. 그들을 하나님의 길(the Way)로 인도하시기 위한 수단으로 바벨론을 사용하셨고, 페르시아의 고레스를 사용하셨다.

여호와께서 바사 왕 고레스의 마음에 감동시키시매 "하늘의 하나님 여호와께서 세상 모든 나라를 내게 주셨고 나에게 명령하사 유다 예루살렘에 성전을 건축하라"고 하였고, "너희 중에 백성 된 자는 다 유다 예루살렘으로 올라가라"고 온 나라에 공포도 하고 칙령을 내렸다(스 1:1-3).

그 칙령에서 내용은 '예루살렘으로 돌아가라'와 '성전을 건축하라'였다. 바로 그 칙령이 기록된 '고레스 칙령(The Cyrus Cylinder)'이 영국 박물관에 보관돼 있다. 흔히 역사상 최초의 인권 선언문이라고 말한다. 우리 하나님의 길은 우리가 도저히 가늠할 수 없는 역사하심(working)으로 인생들을 주장하신다. 하나님은 이미 고레스를 선택하셨고 고레스는 하나님을 알지 못하지만 그를 통해 세상의 역사를 주관해 나가신다는 것으로 이해할 수 있는 것이다. 결국 세상의 열방 가운데서 하나님의 섭리는 있어 왔고 있을 것이며 이를 통해 하나님의 나라는 계속될 것이라는 메시지에 주목해야 할 것이다.

이방인 고넬료를 통해

역사의 주관자이신 하나님께서는 초대교회 이후에 복음의 역사를 지중해를 거쳐 열방을 향하여 나아가는 계획을 이루시기 위해 역사의 또 한편에서 누군가를 주목하고 계셨고 하나님을 믿는다는 것이 무엇인지를 정확하게 이해하면서 그 시대를 살아가고 있는 사람을 통해서 일하시고 계신다는 것을 이방인 백부장 고넬료를 통해 나타내 보이고 계신 것이다. 고넬료는 하나님의 선민이라 자처하는 유대 민족도 아니었고, 유대인들 입장에서는 속되고 깨끗하지 않은 이방인이었으며 평범한 직업을 가진 양민도 아닌 군인으로서 점령국의 치안을 담당하고 다스리는 그야말로 대단한 권세와 위엄이 있는 이달리야 부대의 백부장이었다. 그런 그가 경건하여 온 집안과 더불어 하나님을 경외하며 백성을 많이 구제하고 하나님께 항상 기도하는 삶을 살았으니, 바로 그의 경건한 삶이 하나님 앞에 상달되어 천사의 지시를 받아 사도 베드로를 청하게 되었으며, 그에게 복음을 듣게 되고 성령을 받는 놀라운 역사가 이루어지게 되었다. 당시 초대교회 성도들은 베드로를 비롯하여 유대교의 율법에 매여 있었고 그들만의 종교적 행위에만 모든 초점을 맞추고 살아가던 때였다. 이들은 하나님께서 지중해를 통해 로마, 세계를 향한 원대한 계획을 알지 못했었다. 로마의 백부장이었던 고넬료 그는 신분적으로는 로마 군인이었다. 지중에 연변에 자리 잡은 항구 도시 가이사랴에 파견된 군인 신분이었다. 처음에 로마제국은 대단히 힘 있는 제국이었고 용기와 검소와 절제, 이런 것들로 그 나라가 시작이 되었고 법으로 모든 제국을 다스리는 나라였다. 그러나 점점 역사가 거듭되면서 구석구석에서 부패되는 현상들이 나타나기 시작했다. 약탈이 많았고 검투와 축제가 시작되면서 죄책감이 무너졌고, 가정도 무너졌다. 그즈음에 그 무리의 흐름에 따르지 않고 오염되지 않은 고넬료가 있었음은 대단히 놀라운 사실이다.

고넬료와 베드로

고넬료는 이방인이면서도 그 시대에 하나님을 믿는 것이 무엇인지 하나님께서 우리를 택하신 목적과 부르심의 이유를 분명히 알고 있었던 사람이었다. 이에 반해 예수님을 따라 다녔고 성령을 받았다고 했는데도 베드로는 하나님의 계획을 몰랐었다. 이런 베드로의 신앙은 하늘에서 내려오는 보자기를 보면서 표현하는 모습을 통해 알 수 있다. 베드로는 완전히 율법의 사고로 보았다. 이방인의 집에 방문하는 것, 하나님의 계시를 오로지 율법의 사고로만 받아들이고 있는 베드로의 신앙의 모습을 볼 수 있다. 고넬료는 이방인이면서도 어떻게 사는 것이 하나님을 믿는 것이 무엇인지를 정확히 알고 살아가고 있는 모습은 종교의 형식과 율법에 틀에 갇혀 있는 베드로의 모습을 보면서 하나님께서는 고넬료를 통해 대비법으로 보이고 계신 것이다.

하나님을 믿는 다는 것이 무엇인지, 자신이 파견된 곳에서 복음을 깨닫고 부르심의 목적을 인식하며 삶을 살아내고 있었다. 본인이 신앙을 가지고 살아가는 삶이 훗날에 어떤 영향으로 나타날 것인지에 대하여 구체적으로 아는 바가 없었다 할지라도 고넬료의 이런 삶은 유대교의 벽을 허물고 지중해를 거쳐 로마에 이르도록 복음이 퍼져나가는 일에 사역에 밑거름이 되었던 사건이었다.

고넬료가 쏘아 올린 신호탄

고넬료는 자신 한 사람으로서의 삶을 끝낸 것이 아니라 자신의 나라 로마에 복음이 들어가는데 초석이 되었다. 고넬료를 통하여 유대교의 왜곡된 신앙관으로 닫혀 있던 하나님의 뜻이 열방을 향해 흘러갈 수 있는 문을 열었다는 사실이다. 왜곡된 복음과 율법으로 우월의식에 빠져 있던 유대인들은 오로지 자기들만의 세계에 갇혀 있었던 것이다. 이것은 마치 오늘날 교회 안에 있는 그리스도인들과 동일한 모습이다. 세상은 어떻게 돌아가든지 버려두고 오직 자신만 예수 믿고 구원받아 천국 가겠다는 구속사적인 신앙의 틀에 매인 것과 다를 바 없는 것이다. 복음이 세상을 향하여 흘러가야 하는 것이 하나님의 뜻이라는 것을 누구보다도 잘 알았기에 고넬료는 자신의 생활 속에서 하나님 나라를 이루는 일에 꿈을 품고 신앙의 삶을 살아가고 있음을 암시하고 있다. 현대 그리스도인도 교회생활이 중요하다. 공동체를 통해 신앙생활하는 것만큼 소중한 것도 없다. 그러나 공동체 중심의 신앙을 온전히 이루기 위해서는 공동체를 떠나 자신의 삶의 현장에서도 동일한 하나님 나라를 세워가는 사명의식을 가지고 살아야 한다. 공동체 안에서의 생활보다 더한 관계를 주변 세상 사람들과 함께 이루어가는 의식이 필요하다. 이것이 세상에 하나님 나라를 세우는 길이다. 이스라엘로 파송되어 온 고넬료는 유대인들이 삶을 통해 복음을 받아들인 것으로 전해지고 있다. 자신이 로마 백부장으로서 모든 권력, 군림, 지배 이런 모든 것에서 벗어나 하나님의 사람으로 살아갈 수 있던 삶이 가능했던 것은 하나님에 대한 바른 앎이 있었고 하나님께서 무엇을 원하고 계시는 것을 누구보다도 분명히 그리고 정확이 알고 있었다. 하나님 또한 그 시대에 하나님의 뜻이 이루어지기를 몸부림치는 한 사람을 보고 계셨기에 이방을 향해 닫혀졌던 이스라엘만의 복음의 물줄기를 지중해를 향해 흘러보내도록 하시기 위해 주목하셨던 사람 고넬료를 통해 이방선교의 신호탄을 쏘아 올린 것이다.

신호탄을 쏘아 올릴 자 누구인가?

지금 우리 시대에도 이와 동일한 역사는 일어나야 한다. 지금 기독교 안에서는 영성이란 말을 너무 쉽게 사용하고 있다. 그러나 성경이 말하는 영성은 그 어떤 신비적이고 특별한 것으로만 인식하지 말고 성경을 바르게 해석하고 인격으로 받아들여질 때 그 삶을 통해 영성이 나타나게 되는 것이다. 복음적인 영성은 개인의 뜻도 교회의 뜻도 아닌 하나님의 뜻이 이 땅에 이루어지는 것이다. 파송된 로마의 백부장 고넬료의 삶의 영성은 훗날에 콘스탄틴 황제를 통해 로마에 복음이 받아들여지는 밀레노칙령의 계기가 되었던 것이다. 이것은 마치 룻이 시어머니 나

오미를 따라 고향으로 돌아가 그곳에서 보아스를 만났고 그 만남을 통해 훗날에 그리스도가 이 땅에 오게 하는 역사를 이루었던 것과 동일한 것이다. 우리는 사건별로 시대별로 보면서 판단하고 이해하지만 사실 하나님의 나라는 우리가 살아가는 세상과 역사 속에 나타나는 사건과 일들을 통해 하나님 뜻을 이루어 가고 계시며 그 뜻을 이해하고 깨닫고 살아가고 있는 자를 주목하셔서 동역으로 사용하고 계심을 은폐, 암시, 함축적으로 보이시고 계신다.

법궤의 교훈을 잊지 말라

　교회 마당에 생소한 꽃이 모습을 나타냈다. 벌써 3개월째 싱싱한 모습으로 아름다움을 나타내고 있다. 누가 심은 것도 아닌데 어디서 날아온 꽃씨가 뿌리를 내리면서 자라기 시작한 것이다. 전혀 누구의 손도 빌리지 않고 오직 자연 그대로의 자신을 보여 주고 있다. 그야말로 자연이다. 자연은 순수성이다. 그냥 만들어지진 않는다. 긴 시간이 필요하다. 우리는 지금 AI 시대를 살아가고 있다. 인간이 아무리 위대함을 일구어 낸다 할지라도 따를 수 없는 경지가 있다. 그것이 바로 자연이다. 자연은 우리에게 진리가 무엇인지를 조명해 주고 있다. 정보의 홍수, 시스템, 모든 것이 틀어박힌 것 같은 제도 속에서 세상은 돌아가고 있다. 신앙도 교회도 세상을 많이 모방하고 있다. 이런 환경에서 잃어버리고 사는 것이 순수성이다. 신앙의 첫 출발도 대부분 순수하게 시작했는데 어느 시점에 가서는 순수성은 사라지고 자신도 모르게 제도 속에 시스템에 길들여진 종교생활로 이어지는 것 같아 안타까움이다.

　역대상 13장에 나오는 다윗의 법궤를 예루살렘으로 옮기면서 일어난 사건은 지금 시대를 살아가고 있는 하나님의 자녀들에게 경종을 울려주고 있다. 다윗은 왜 법궤를 옮기려 했는가? 다윗이

시내산계약인 율법을 무시하고 법궤를 예루살렘으로 옮기는 이유
는 법궤를 통해 중앙집권화를 강화하기 위함이었다.

법궤를 옮기려는 다윗의 의도

아벡전투에서 블레셋에게 빼앗겼던 법궤가 블레셋 지역에서 재앙을
일으키자 블레셋이 법궤를 도로 이스라엘 땅 벳세메스로 보내었다. (삼
상 5-6장) 하나님의 법궤는 산에 사는 아비나답의 집에 20년 동안 있게
되었다. (삼상 6:19-7:2) 사울 왕이 죽고 남북이 갈라져 싸우다가 사울의
아들 이스보셋이 살해되자 북쪽 10지파 장로들이 헤브론에 있는 다윗
을 찾아와 통치계약을 체결했다.

그들은 여호와 앞에서 한 임금이 두 나라를 도맡아 다스리는 군합국
을 세웠다. (삼하 5:3, 현대어성경) 다윗은 헤브론에서 7년 6개월을 통
치하면서 왕권을 강화하기 위해 수도를 헤브론에서 예루살렘으로 옮겼
다. 헤브론은 너무 남쪽 치우쳐 있어서 왕권을 강화할 수 없었기 때문
에 다윗은 사병을 이용하여 여부스 족속의 성인 예루살렘을 점령하여
다윗의 사유지로 만들었다. (삼하 5:6-10)

그리고 다윗은 법궤를 옮기기 위해 이스라엘 전역에서 3만 군사를
모았고(6:1) 전국적인 대규모 오케스트라 악단을 구성하여 법궤를 옮기
는 현장에서 수많은 악기를 연주케 하므로 국가적인 대행사로 치르려
고 했다. (6:5) 그런데 나곤의 타작마당에 이르렀을 때 수레를 끌던 소들

이 갑자기 뛰는 바람에 법궤가 떨어지려고 하자 그 곁에 따라가던 웃사가 얼른 궤를 붙잡았다. 그러자 여호와께서 몹시 진노하여 웃사를 치셨다. 웃사는 법궤 곁에 죽었다. (6:7)

왜 나곤 타작마당에서 소들이 뛰었는가? 법궤를 옮길 때 메고 가야 하는데 수레로 옮겼기 때문인가?(민 4:15, 7:9) 왜 웃사가 죽었는가? 유대인들이 기록한 대로 제사장이 아닌 웃사가 넘어지려는 법궤를 함부로 손으로 붙잡았기 때문인가?(삼상 6:7) 이것은 유대인 사관으로 본 기록이다. 철저한 제사장 신앙이다. 대부분의 설교들이 이렇게 선포되고 있다. 과연 유대인이 기록한 대로 그럴까? 우리는 여기에서 상식이 필요하다. 나는 지금까지 소가 뛰는 것을 보지 못했다. 말은 뛰지만 소는 좀처럼 뛰지 않는다. 그런데 어찌하여 소가 뛰었는가? 거기에 의심을 품어야 한다.

소가 뛰었다는 것은 소가 뭔가를 본 것이다. 마치 발람의 나귀가 칼을 빼어든 여호와의 천사를 보고서 깜짝 놀라 길에서 벗어나 밭으로 뛰어들듯이(민 22:22-27) 소들이 뭔가를 보고 놀라서 뛴 것이다. 즉 하나님이 법궤를 정치적 수단으로 이용하려는 다윗의 술수를 아시고 법궤를 부서 버리려고 한 것이다. 즉 하나님은 법궤를 정치적 목적으로 이용하려는 다윗의 술수에 분노하신 것이다.

웃사가 죽은 것은 법궤를 이용하려는 짓거리를 하지 말라는 경고의 죽음이다.

성전 중심 신앙으로 전락

오늘 우리의 법궤는 무엇인가? 하나님의 말씀이다. 성막은 어디에 짓는가? 우리의 마음에 짓는 것이다. 즉 하나님의 말씀을 마음에 새기고 말씀을 우리의 마음에 모시고 사는 것이다. 내가 성전인 것이다. 이것이 모세가 율법을 재해석한 신명기의 가르침이다.(신 6:4-9) 그런데 다윗이 율법을 무시하고 법궤를 예루살렘으로 옮기는 이유는 법궤를 통해 중앙집권화를 강화하기 위함이었다.

다윗이 감격에 이기지 못하여 빙글빙글 돌며 춤을 추면서 여호와의 법궤를 따라갔다. 이때 그는 세마포로 된 제사장의 예복인 에봇만을 입었다. 즉 다윗은 스스로 제사장의 옷을 입고 제사장이 되었다. 다윗은 사무엘조차 관심을 가지지 않았던 법궤를 자신의 중앙집권화를 위한 정치적 수단으로 사용했다.

다윗이 어느 날 왕의 참모인 선지자 나단을 불러 이르되 '나는 이렇게 송백으로 지은 왕궁에서 호화롭게 살고 있는데 하나님의 법궤는 아직도 천막 안에 있습니다. 이렇게 해서 되겠습니까'(삼하 7:2, 현대어성경) 다윗이 계획하자마자 하나님이 그날 밤에 나단에게 바로 나타나셨다? 월급장이 선지자에게 하나님이 영이 강력하게 감동했다? 그래서 왕권세습을 시내산계약과 다른 일명 다윗계약이라 한다. 즉 다윗의 참모인 나단은 시내산계약을 버리고 왕조신앙, 성전신학, 제의신학을 만들어 내었다. 이스라엘은 성전이란 개념이 없었다. 성전 개념을 이방신전에나 있던 말이다. 성막은 광야 40년 동안 필요했고, 가나안에 들어

갈 때 법궤를 메고 들어갔다. 법궤는 여리고 들어갈 때까지 필요한 것이었다. 법궤를 메고 여리고성을 일곱 바퀴 돌았다는 것은 무엇인가? 우리가 믿는 하나님은 이런 하나님이라는 것을 보여 준 사건이다.

웃사의 죽음이 말하는 것은

왜 법궤를 옮기다가 다윗이 죽어야지 웃사가 죽었냐?

2번째 옮길 때는 하나님께서는 내버려 두셨는가? 하나님이 막으셔야지.

웃사가 죽은 이유는 법궤를 개인적인 목적으로 이용해서는 안 된다는 것을 암시하고 있는 것이다.

법궤 상자를 특별한 의미를 부여해서 이용해서는 안 되는 것이다. 법궤 상자, 돌판 자체에 의미가 있는 것이 아니다. 사무엘은 법궤 자체에 관심을 갖질 않는다. 구약의 에언자들이 반복해서 강조하고 있는 내용이다. 미스바 집회에 온 이스라엘을 불러다가 예배, 제사, 번제, 자체가 아니라. 우리의 마음이다. 그분은 우리의 제사를 받으시는 것이 아니라. 예배를 받으시는 것이 아니라. 마음을 받으신다. 그런데 왕들, 제사장들은 상자가 법궤가 중요하다는 것이다. 왕권을 강화시키기 위해서 중요하다는 것이다. 옮기려고 하니까 달구지가 날뛰어서 웃사가 만져서 죽었다. 웃사는 만지기만 해도 죽었는데 오벧에돔의 집에서는 오히려 3개월이나 머물렀는데도 법궤 때문에 복을 받았다.

두 번째 법궤를 옮길 때는 왜 죽지 않았는가? 사람이 메지 않고 소와 수레를 이용해서 웃사가 죽었나? 전혀 하나님의 의도와 상관없는 해석이다. 그 대답은 아나니아와 삽비라에 있다. 하나님 앞에 드리는 예물의 순수함을 요구하신다는 내용이다. 경고이다. 하나님 앞에 땅을 팔아서 헌금을 하는데, 일부는 '쓰고 드립니다'라고 하지 않았다고 죽은 것이다.

왜 웃사는 죽었는데, 제사장들이 옮길 때는 죽이지 않으셨는가? 하나님 앞에 헌금할 때 아나니아와 삽비라와 같지 않는가? 하나님 앞에 설 때 어떻게 서야 하는가에 대한 경고다.

하나님은 한 번 경고를 주시고, 그럴 때마다 또 죽이시지 않는다. 경고는 한 번으로 족하리라.

다윗이 하는 일은 사실은 그 일이다. 하나님이 인격적으로 나아올 때 이것을 이용해서는 안 된다.

하나님의 오래 참으심을 이용하는 자가 되어서는 안 되는 것이다.

신앙의 순수성을 회복하라

웃사가 무슨 죄가 있어서 죽어야 하는가? 법궤가 넘어가는데 당연히 붙들어야지. 웃사의 죄가 무슨 죄? 시킨 대로만 했는데, 법궤에 손을 대는 죄 때문에 죽는가?

거룩한 성물을 손을 대서는 안 된다? 이래서 죽었다. 법궤에 손을 댄

죄. 웃사의 죄는 다윗과 일반이다.

성경은 명시적으로 기록해 놓고 있지 않고, 암시적으로 기록해 놓고 있다.

천국은 밭에 감추인 보화와 같으니 밭도 옥토 밭이 아닌 황무지에 감추인 보화, 누구만 보는가? 눈여겨본 사람만, 관심을 가지고 쳐다보는 자만 보게 된다. 황무지에 감추인 보화와 같다.

웃사의 죄가 무엇인가? 웃사는 뒤에서 호위하고 가고, 본래는 제사장 가문은 아니지만 제사장의 일을 하고 있는 것이다. 다윗이 제사장의 일을 맡긴 것이다. 다윗은 충분히 정치적 이유와 목적을 위해서는 충분히 이럴 수 있는 사람이다. 자기 자식도 제사장으로 앉히고 여부스의 이방 제사장을 사독을 제사장으로 세울 수 있는 사람이 다윗이다. 웃사는 다윗으로부터 약속을 받은 사람이라는 것을 충분히 추정해 볼 수 있는 사람이다. 웃사는 무엇하는 사람이다. 웃사는 다윗에게 팔려가고 있는 것이다. 얼마나 많은 물량공세를 퍼 부었는가? 온 백성들이 잔치판을 벌이고 있다. 어마어마한 행사에 어마어마한 물량공세를 퍼 부었다는 이야기다. 법궤를 띄우려면 법궤를 보관하던 사람을 안 띄울 수 없는 것이다. 다윗과 일반으로 법궤를 개인적인 목적으로 이용하는 사람이다. 시범 케이스로 삼으신 것이다.

웃사의 죽음, 아간의 죽음, 아니니아와 삽비라의 죽음을 볼 때, 우리는 10번 죽어 마땅한 사람들이다. 우리가 정말 순수하게 섬기고 있는가? 예배하면, 하나님의 축복을 대가로 섬기고 있지는 않는가?

산성이 되어 주시고, 방패가 되어 주시고 이런 목적으로 하나님을 섬기고 있지 않는가?

역대상 13장 14절에 '하나님의 궤가 오벧에돔의 집에서 그 권속과 함께 석 달을 있으니라 여호와께서 오벧에돔의 집과 그 모든 소유에 복을 내리셨더라'라고 한다. 아비나답은 자기 아들 엘리아살을 거룩히 구별하여 그 궤를 지키게 하였더라고 말씀하고 있다. 오벧에돔의 집에서는 '그 '권속과 함께' 석 달을 있으니'라고 한다. 표현이 다르다. '권속과 함께'라는 말의 뜻은 무엇인가? 온 식구들이 함께 그 궤를 기뻐하였다는 뜻이다. 신앙의 순수성으로 법궤를 맞이하고 있다는 것이다. 그리고 그는 업적이 아니라 역대상 15장 24절에서 법궤를 지키는 문지가가 되었다.

모세의 마음에 품은 것

출애굽기의 시작은 한 개인의 고통으로 시작된 것이 아니다. 한 공동체가 겪는 고통을 시작이 되고 있다. 인간이 당할 수 있는 최악의 고통으로 시작을 하고 있다. 이 고통의 출발은 선악과에서 시작이 된다. 스스로 하나님처럼 되려고 하는 것에서 출발을 하고 있다. 이것을 가리켜 원죄라고 한다. 모든 인간들 속에 들어 있는 악마의 본성이다. 바로에게만 들어 있는 것이 아니다. 종살이 하고 있는 히브리인들 속에도 들어 있는 것이다. 이 죄의 문제를 어떻게 해결할 것인가? 인간의 본성에 들어 있는 마귀의 본성인 남을 지배하고 다스리려고 하는 이 죄의 문제를 어떻게 해결할 것인가? 그것은 개인이 해결할 수 있는 문제가 아니라는 것이다. 공동체만이 해결할 수 있다는 것이다. 그리고 이 문제는 인간 스스로 해결할 수 없다는 것이다. 이것은 곧 종교의 문제 신앙의 문제라는 것이다. 죄의 문제가 현실로 다가올 때 그것은 경제 문제, 돈 문제로 다가온다는 것이다. 돈이 모든 권력의 기반이 되기 때문이다. 결국 인간의 죄의 문제는 돈 문제이면서 신앙의 문제이다. 어떻게 돈의 지배에서 벗어날 수가 있을까? 그렇다고 기독교 신앙은 돈을 초월하라는 것이 아니다. 돈이 중요하다. 하나님처럼 중요하다. 문제는 돈을 어떻게 사용하느냐의 문제이다. 결국 돈 문제, 경제의 문제는 신앙으로만 가능하다는 것이다.

모세의 절규는 한마디로 말하면 임계점이다. 이 족보 또한 임계점이라는 공통분모가 자리 잡고 있다고 할 수 있다. 모세의 절규는 한마디로 인간의 한계에 도달했을 때 나올 수 있는 절규라고 할 수가 있다. 모세의 절규야말로 의식의 대전환이라고 할 수가 있다. 인간 의식에서 신의식으로 전환이다. 모세 지팡이가 하나님의 지팡이로 변하는 순간이다. 바로를 무너뜨리는 것은 입의 말이 아니라 능력이라는 인식에 도달을 한 것이다. 임마누엘의 순간이다. 이 임계점에서 모세의 말은 곧 하나님의 말이 된다. 모세의 말대로 기적이 일어나게 된다.

누가 신을 벗을 수 있는가?

모세를 찾아오신 하나님께서 신을 벗으라고 하신다. 신을 벗으라는 것은 곧 맨발로 서라는 것이다. 종이 되라는 것이다. 고대의 종은 신발을 신지 않는다. 맨발이다. 종 가운데서 가장 낮은 종이 신발을 관리하는 종이다. 세례요한이 자신과 예수님을 비유하면서 이렇게 말한다.

"그가 전파하여 이르되 나보다 능력 많으신 이가 내 뒤에 오시나니 나는 굽혀 그의 신발끈을 풀기도 감당하지 못하겠노라"(막 1:7)

애굽의 종살이 문제의 근본은 인간의 죄의 문제이다. 죄의 근본은 인간이기를 포기하고 스스로 하나님이 되려고 하는 속성이다. 이것을 가리켜 원죄라고 한다. 아무리 제도와 법을 만들어 놓는다고 해도 죄의 문제를 해결하지 않고는 종살이 문제는 해결되지 않는다. 스스로 주인이 되려고 하고 스스로 하나님이 되려고 하는 속성을 버리지 않으면 제 2의 바로 또 다른 바로는 나오게 되어 있다. 모세가 왜 가나안 들어가기를 포기했는가? 모세는 애굽의 바로를 무너뜨리고 애굽의 종들을 해방할 수가 있다. 그런데 모세는 왜 애굽을 무너뜨리고 가나안을 향해 나아가는가? 신을 벗으라는 하나님 체험 때문이다. 우리는 매일의 삶 속에서 신발을 벗는 훈련을 해야 한다. 스스로 낮은 자리에서 섬기는 훈련을 해야 한다. 스스로 가장 밑바닥으로 내려가서 힘든 일을 해야 한다. 그럴 때 신발을 벗게 된다. 이스라엘의 절기 가운데 무교절과 초막절이 있다. 이 두 절기 핵심은 신발을 벗기는 절기이다. 사람이 어느 때에 낮은 마음을 가질 수가 있는가? 춥고 배고플 때이다. 배부르고 등이 따뜻하면 다시 종의 자리에서 주인이 되려고 한다. 이것을 막기 위하여 하나님은 기가 막힌 방법을 고안해 내셨다. 절기를 만들어 지키게 하심으로 신발 벗는 훈련을 일 년에 두 번 하게 하신다. 무교절과 초막절이다. 무교절은 배고픔이다. 무교병은 배고픈 시절에 먹던 음식이다. 초막절은 집 없는 서러움이다. 춥고 배고픈 자는 절대로 남 앞에서 고개를 들지 않는다. 종의 자세로 서게 된다. 신을 벗어라. 무교절과 초막절을 암시하고 있다.

애굽의 신들은 바로를 위한 신이었다. 바로는 신이 선택한 사람이다. 신의 아들이며 바로 자신이 곧 신이 되어 버렸다. 따라서 애굽의 모든 사람들은 바로를 위해서 존재하는 것이다. 죽고 사는 문제가 바로의 손에 달려 있다. 따라서 애굽에서 종살이 하는 히브리인들은 바로를 위해서 존재한다.

40년 애굽 생활과 40년 광야 양치기 생활을 통하여 모세는 두 가지를 알게 된다. 하나는 애굽의 실상이다. 애굽은 인간의 힘으로 무너뜨릴 수 없다는 것을 알게 된다. 40대에 자신의 힘으로 시도를 해 보았지만 모세는 거대한 힘 앞에 무력한 자신을 보게 된다. 자신이 하고 있는 일은 신에게 도전하는 것이다. 인간이 어떻게 신을 이길 수가 있는가? 이길 수가 없다는 것이다.

미디안 광야에서 보인 것들

양치기 40년을 통하여 모세는 또 다른 세계를 알게 된다. 히브리인의 실상이다. 애굽에서 종살이 하는 히브리인들이 마치 자신이 치고 있는 양과 같은 존재라는 것이다. 목자가 없이는 아무것도 할 수 없는 양, 목자의 보호가 없으면 사나운 짐승에게 무참히 짓밟힐 수밖에 없는 존재. 80년의 장고 끝에 모세가 도달한 결론은 인간의 힘으로 할 수 없다는 것이다. 그러면 히브리인의 종살이 문제는 어떻게 해결할 수 있을까? 인간의 힘으로 안 되지만 신의 힘으로만 할 수 있다는 것이다. 문제는 어떤 신이냐? 세상에 신은 많다. 애굽만 보더라도 모든 것이 신이다. 히브리인들이 애굽에서 종살이 하는 것도 결국 애굽을 다스리는 신 때문이다. 신의 이름으로 바로가 히브리인들을 종으로 부리고 있는 것이다. 애굽의 바로 체제는 곧 신정체제이다. 애굽의 바로 체제를 받쳐주는 신으로는 안 된다는 것이다. 그럼 모세가 찾고 있는 신은 어떤 신인 가? 이런 모세 앞에 여호와 하나님께서 계시하신다. 모세를 찾아오신 다. 찾아오셔서 자신을 계시하신다.

모세가 왜 이렇게 강경하게 자신은 적임자가 아니라고 발뺌을 하는 가? 모세는 80년 동안 애굽의 종살이 문제를 가지고 씨름을 했다. 결론 은 인간의 힘으로 안 된다는 것이다. 모세 스스로가 인간의 힘(자신이 직접) 시도하다가 미디안으로 쫓기는 신세가 되었다. 인간이 어떻게 바 로에게, 신에게 도전을 할 수 있는가? 인간은 신을 이길 수가 없다. 신 들과의 전쟁에서 인간이 이길 수가 없다. 오직 신만이 신을 이길 수가 없다. 이 신을 40년 찾았다. 그 신이 모세를 찾아오신 것이다. 오셔서 말씀을 하신다.

광야에서 듣게 되는 신음 소리

애굽을 떠나 미디안 땅으로 오게 된 것이다. 여기서 모세는 또 다른 이방인이 된 것이다.

미디안 땅에서 모세는 또 다른 신음 소리를 듣는다. 양들의 신음 소 리이다. 배고파 울부짖는 소리, 목말라 울부짖는 소리, 사나운 짐승에 물려 찢겨 가면서 울부짖는 소리는 또 다른 신음 소리이다.

애굽에서 신음 소리를 귀로 들었다면 미디안에서 신음 소리를 온 몸 으로 듣는 소리였다. 자신의 온몸을 통하여 나오는 소리였다. 모세는 비로소 완전한 나그네, 하비루가 된 것이다. 하비루의 삶을 살아가면서 신음 소리를 내고 살아가는 것이다. 이것이 출3장에 하나님이 모세를 찾아온 조건이 된 것이다.

하나님의 비전을 이루는 신음 소리

모세의 이름 속에는 두 가지 신음 소리가 들어 있다. 하나는 부모의 신음 소리이다. 자식을 낳아도 지켜 주지 못한 부모의 신음 소리이다. 자식을 낳아도 이름을 조차 지어줄 수 없는 부모의 신음 소리가 들어 있다. 왜 아이를 낳고도 이름을 짓지 못하는가? 또 하나의 신음 소리가 있다. "열고 그 아기를 보니 아기가 우는지라. 그가 그를 불쌍히 여겨 이르되 이는 히브리 사람의 아기로다"(출 2:6)

상자를 열어 보니 아이가 울고 있다. 이 울음 소리는 울다 지친 아이의 신음 소리이다. 통곡 소리가 변하여 신음 소리가 된 것이다. 바로의 딸이 불쌍히 여겨 데려다가 양자를 삼으면서 지어준 이름이 모세이다. 모세의 부모가 지어준 이름이 아니다. 모세의 이름 속에는 신음 소리가 들어 있다. 그 당시 히브리인들의 부모의 신음 소리와 버려진 아이들의 신음 소리이다. 이 신음 소리를 하나님께서 들으신 것이다. 모세의 신음 소리는 사실 하나님의 통곡, 눈물과 탄식이었다.

헤브론을 향하여 가는 길...

6부

하나님 보면서 가는 길

복음적 영성으로 회복하는 길

사람은 여느 동물들과는 달리 홀로서기를 하기까지 긴 시간이 필요하다. 태아로 지내는 시간도 길지만 걷고 말하며 스스로 생계를 꾸려나가기까지 오랜 시간이 걸린다. 신앙적인 성숙은 더 오랜 시간이 걸리며 예상하기가 무척 어렵다. 대부분 일주일에 한 번 정도 예배에 참석하기 때문에 신앙 성숙을 위한 훈련의 빈도가 매우 낮은 편이다. 신앙을 뒤흔드는 세속적인 사상이 가득한 곳에서 일 주일에 한 번 예배 참석하고 설교 듣는 것으로는 신앙을 성숙시키기가 어렵다. 그러다 보니 믿음의 가정에서 태어나고 교회에서 자랐으나 성인이 되어서 믿음의 도를 떠나는 경우들도 많다. 믿음이 자라는 것은 기도만으로 되지 않는다. 기도를 낮게 평가하는 것이 아니라 믿음은 '말씀'을 통해 자람을 강조하는 말이다. 하나님을 믿지 않는 사람들은 기도를 통해 정성을 들이면 하늘이 감동할 것이라고 생각한다. 신앙은 인생이라는 밭에서 자라나는 나무와도 같다. 누구나 자신만의 고유한 인생 여정을 가진 것처럼, 신앙도 다양한 인생에 뿌리내리고 싹을 틔우고 자라나 성장하며 어느새 열매를 맺고 누군가를 위한 그늘이 되어 준다. 신앙은 생명체와 같아서 관심을 두고 돌볼 때 많은 성장을 이루지만, 돌보지 않고 외면할 때 성장하지 못하고, 있던 신앙마저 약해진다.

가정에서 그리고 교회 공동체에서 사람들과 인격적 관계를 맺고 같은 문화를 공유하는 과정에서 신앙은 전수되고 성장한다. 특히 교회에서 하는 봉사는 신앙의 성장에 큰 자양분이 된다. 나의 신앙은 얼마나 성숙했을까? 신앙이 성장했다는 것을 어떻게 알 수 있을까? 부모나 지인으로부터 물려받은 신앙상태에 있는, 그러나 아직 자신의 것이 되지 못한 신앙은, 대체로 의무를 준수하고 계명을 지키는 것에 머문다. 그런데 이처럼 수동적이고 피동적이며, 의무감에서 비롯된 신앙은 오래 가지 못하고 쉽게 활력을 잃게 된다. 신앙은 살아 있는 것이며, 관계 안에서 성장한다. 피상적인 신앙에서 '관계를 맺는 신앙'으로, 하나님과 이웃과 자신과의 관계 안에서 성장하는 신앙으로 회복될 때 비로소 신앙은 자신의 것이 된다. 신앙이 성숙했다는 것은 그 신앙이 자기 자신의 것이 되었음을, 삶을 살아가고 계획하는 데에 신앙이 기준점이 되었음을 의미한다. 중요한 것은 신앙이 공동체 안에 머물 때 성장한다는 것이며, 거기서 겪는 어려움은 신앙과 인생의 성장에 자양분이 될 수 있다.

자기발견을 통한 하나님과 만남

복음을 듣고 시작된 신앙생활은 많은 분들이 진리의 말씀으로 세워지기 이전에 벌써 교회생활 혹은 조직생활에 길들여져 버린다. 이런 생활이 반복되고 지속될수록 자신 스스로는 믿고 있는 사람이라고 스스로를 착각의 굴레에 가두고 살게 된다. 물론 이런 환경에서 좀 더 성장하는 모습으로 나아가기 위해 하나님의 말씀을 배우고 알아가는 것만큼 중요한 것도 없을 것이다. 아쉽게도 우리는 이 시점에서 두 가지의 자기모순에 빠지게 된다. 그 첫째가 종교적 행위가 하나님과의 관계라고 착각하게 되는 것이고 두 번째는 자신의 내면을 돌아보기 보다는 외적행위, 열심, 노력, 봉사 등으로 하나님 앞에 자신을 고백해야 될 모습은 외면한 채 대부분의 그리스도인들이 많은 시간을 이런 착각 속에서 보내고 있다. 나 자신을 깊이 보는 관점으로 나아가야 한다. 그래야만 하나님께 추상적이 아닌 실제의 내 모습을 고백할 수 있는 것이다. 자신의 연약함과 죄성을 발견하면서 우리에겐 말할 수 없는 하나님의 은혜의 감격을 인격적으로 느끼게 된다. 여기서 하나님과 나 자신과의 만남이 시작되는 것이다. 하나님과의 만남의 교제를 통해서 발견되는 것은 자신의 연약함과 죄성이다.

마음의 밭을 갈아엎으라

우리는 농부의 농사법을 이론으로도 잘 알고 있다. 농사를 짓는 사람만큼 자연의 이치와 질서를 잘 따르는 이도 없을 것이다. 추운 겨울이 지나고 땅이 조금씩 녹아지는 때가 되면 그때부터 농부는 바빠지기 시작한다. 농사를 짓기 위한 기초작업을 준비한다. 그 기초작업 중의 하나가 밭을 갈아엎는 것이다. 갈아엎으면서 돌덩이, 잡초는 다 걸러낸다. 그리고 영양이 준비된 땅에 씨를 뿌리기 시작한다. 건강한 신앙, 올바른 신앙으로 성장하기 위해서는 우리 마음 안에 자리 잡고 있는 죄성과 상처의 뿌리를 뽑아야 한다. 그래야만 좋은 결실을 거둘 수 있게 된다. 지금까지 만난 수많은 내담자를 통해 공통적으로 느낀 것은 오랫동안 신앙생활을 해 왔지만 자신의 내면의 문제를 해결하기 위해 상처 난 마음의 치유를 해 본 경험이 전혀 없다는 것이었다. 물론 기독교적 용어로 성령의 불로 다 치유되었다고 말하는 것은 자신을 속이는 표현이요 자기합리화의 표현이라는 사실이 상담치유를 직접 경험해 보면 알게 될 것이다. 마음의 밭을 갈아엎는다는 것은 강요가 아니라 복음을 듣고 하나님을 알아가면서 하나님을 경외하는 마음으로 해야 될 첫 번째 행동이다. 물론 여기에는 자신의 죄성에 대한 회개의 문제도 포함되어 있다. 토양이 좋아지면 말씀의 씨앗이 떨어져 좋은 결실을 맺을 수 있기 때문이다.

새롭게 보여진 것들

상담을 위해 찾아온 신앙인들을 만나면서 새롭게 인식하고 발견되어진 것은 영적 실체에 관한 것들이다. 이론과 지식으로 워낙 많이 들어왔기에 알고 있다고 생각하고 온 것이다. 그러나 상담치유 과정을 통해 드러나는 영적 실체와 자신의 생활 속에서의 행동하며 살아온 모든 관계성이 너무도 구체적이고 실제적으로 드러나게 되는 것을 경험하게 된다. 이러한 경험은 신비적이나 지나친 은사주의가 아니라 이성적이고 복음적인 진리 안에서 보게 된다. 내담자들이 이 과정을 경험하면서 고백하는 표현 중에는 자신이 너무 모르고 살아왔고 잘 알고 있다고 착각하면서 살아왔다는 것이다. 자신의 모습을 발견하면서 상담치유의 중요성과 지속적인 관리가 얼마나 필요한가 깨닫게 된다. 만약 이런 상황에서도 단순히 자신의 치유과정이 경험으로만 끝나게 되면 결국은 이전의 모습으로 돌아가게 되는 것 또한 불 보듯 뻔한 일이다. 지속적인 돌봄이 얼마나 중요한지 돌봄을 통하여 하나님 앞에 세워지는 자신을 보면서 스스로가 회복되고 있음을 느끼고 고백하게 될 것이다. 그리스도인들은 주변 사람들과의 관계가 원만하지는 못한 문제점들로 나타나는 경우가 많다. 그래서 오늘날 기독교는 정체성을 상실하고 세상에서 좋은 영향을 주지 못한 결과로 교회가 세상을 돌아보고 걱정해야 되는데 지금은 오히려 세상이 교회를 걱정하고 있다. 이렇게 나타나고 있는 현상에는 부인할 수 없는 그리스도인의 세상에서의 생활과 연관이 아주 깊다는 것을 부인할 수 없을 것이다. 이웃, 직장, 가족, 친구, 기타 주변 사람들에게 얼마나 좋은 선한 영향력을 끼치며 살아가고 있는지 돌아봐야 한다. 세상 사람들의 문제인식으로 보기보다는 그리스도인으로서의 정체성을 상실하고 왜곡된 사고의 복음관을 가지고 세상 가운데 섞여 살아가고 있기 때문에 나타난 반응들이다. 기독교 교리를 아는 것도 중요하고 믿음을 가지는 것도 중요하지만 사람과의 관계에서 사람을 아는 것 역시 신앙이고 사람을 대하는 것 자체가 믿음이라는 것을 인식해야 한다. 이런 관점에서 보면 많은 분들이 표현했고 현실에서 드러난 것처럼 기독교인들이 더 이기적이고 배타적이고 독선적인 소리를 많이 들을 수밖에 없었다. 필자는 이렇게 나타난 문제의 밑바닥에는 현대 그리스도인들이 신앙을 가지고 있다고 하지만 자신 안에 정리되지 못한 본성과 죄성, 마음의 상처로 나타나고 있는 비인격적인 행위들이 이런 반응을 불러온 원인이라는 것을 내담자들을 만나면서 알 수 있었다.

복음의 빛이 드러나기 이전에 이미 우리가 저질러 놓은 욕심과 이기적인 모습들이 복음의 능력을 상실하게 만들었던 것이다. 이런 상황에 대한 그리스도인들의 처절한 회개와 고백이 있어야 새로운 변화의 길로 걸을 수 있을 것이다.

하나님 면전에 다시 서야 할 죄인

탕자와 같은 심정으로 요나와 같은 돌이킴으로 우리 스스로의 모습을 정직하게 고백하면서 하나님 앞에 나아가 나를 세워야 한다. 그래야만 묶임과 매임이 풀어질 것이다. 내가 저질러 놓은 죄악들, 착각 속에 살아온 내 자신의 신앙행위의 모습들, 자신을 향한 자책이 아니라 자신의 모습을 보면서 이대로는 있을 수 없기에 나를 하나님 앞에 저질러 온 죄와 짐을 짊어지고 나아가야 한다. 그동안 개념적으로 죄의 속성을 느끼지 못한 가운데 고백했던 죄인의 모습이 아니라 지금의 내 모습은 내 자신 스스로에 대한 실망감을 가지고 아버지 앞에 서야 할 것이다. "나를 죽여 주시옵소서." 죄인을 살려달라는 말도 표현해선 안 될 것이다. 오직 할 수 있는 말이 있다면 "주여, 나를 죽여 주시옵소서. 이 죄인을 죽여 주시옵소서." 하며 고백해야 한다. 그동안의 행동했던 그 어떤 종교적인 행위로 하나님을 만나는 것이 아니다. 열심도 아니고, 충성도 아니고 진정한 자신의 고백이 가장 귀한 예배이다. 베드로의 고백에서 보았던 것처럼 하나님은 자신이 스스로가 얼마나 추하고 악한 죄인인가를 깨닫고 고백하며 돌아올 때까지 기다리고 계시는 것이다.

이런 우리 고백이 하나님께서 가장 원하시는 고백일 것이고 이 과정 속에서 어느 때보다도 죄인을 위해 생명을 내놓으신 하나님의 깊은 사랑을 느끼며 이제는 상처의 뿌리에서 시작된 모든 종교적인 행위들을 돌아봐야 한다. 이런 종교적 행위를 통해서는 하나님을 만날 수는 없다. 이제는 멈춰야 한다. 이러한 표현도 짧은 시간 안에 해결할 수 있는 문제는 아니겠지만 이제는 무엇에 집중하여 믿음의 길을 걸어야 할지 기도하며 지혜를 구해야 한다. 낯선 곳을 찾아가기 위해서는 이정표가 필요하다. 만약 이정표가 부정확하거나 뒤바뀐 경우에는 고생을 하거나 엉뚱한 곳을 가게 된다. 길도 없는 바다를 항해하는 배에는 나침반이나 레이더가 필요하다. 만약 나침반이나 레이더가 고장이 나면 그 배는 허송세월 후에 결국은 실망의 항구에 닻을 내리고 말 것이다. 기독교인들의 인생길에 있어 영성만큼 중요한 것은 없다. 영성은 하나님의 나라를 향한 믿음의 길이 바른가를 확인할 수 있는 이정표요 나침반이기 때문이다.

그리스도인이 복음적인 영성을 통해 하나님 앞에 고백할 수 있는 표현이 있다. 그것은 오로지 하나님을 알아 가면 알아 갈수록 내가 몰랐던 내속에 숨겨졌던 죄성이 드러나는 것을 발견하는 것이 영성이고 기적이고 능력이다. 그리고 하나님 앞에서 내가 할 수 있는 고백은...
"I am Nothing" "하나님이 내 인생의 전부이십니다."

보면서 가는 길

ⓒ 조봉제, 2024

초판 1쇄 발행 2024년 8월 15일

지은이   조봉제
펴낸이   이기봉
편집   좋은땅 편집팀
펴낸곳   도서출판 좋은땅
주소   서울특별시 마포구 양화로12길 26 지월드빌딩 (서교동 395-7)
전화   02)374-8616~7
팩스   02)374-8614
이메일   gworldbook@naver.com
홈페이지   www.g-world.co.kr

ISBN   979-11-388-3469-8 (03230)

• 가격은 뒤표지에 있습니다.
• 이 책은 저작권법에 의하여 보호를 받는 저작물이므로 무단 전재와 복제를 금합니다.
• 파본은 구입하신 서점에서 교환해 드립니다.